我们一起解决问题

保险理财
从入门到精通

胡巧侠◎编著

人民邮电出版社
北京

图书在版编目（ＣＩＰ）数据

保险理财从入门到精通 / 胡巧侠编著. -- 北京：
人民邮电出版社，2020.2（2021.8重印）
ISBN 978-7-115-53235-0

Ⅰ．①保… Ⅱ．①胡… Ⅲ．①保险—基本知识 Ⅳ.
①F84

中国版本图书馆CIP数据核字(2019)第282563号

内 容 提 要

当今社会，人们防范风险的意识不断提升，购买保险成为一大诉求。但如何选择保险产品，获得最大化的收益保障，仍让许多人感到困惑。

本书作者从业经验丰富，对保险市场现状和未来走势有着独到的见解和精准的把握。本书在深度分析各大险种特点和适用人群的基础上，结合大量案例手把手教你如何为自己和家人配置理想的保险产品，同时也指出了人们对保险的认知误区以及在购买过程中易犯的错误，以帮助你轻松防范和规避风险。

本书将帮助你提升鉴别保险产品的能力，为你提供优化、简洁的投保策略，并且本书对保险从业者同样具有参考和指导意义。

◆ 编　　著　胡巧侠
　　责任编辑　谢　明
　　责任印制　彭志环
◆ 人民邮电出版社出版发行　　北京市丰台区成寿寺路 11 号
　　邮编 100164　电子邮件 315@ptpress.com.cn
　　网址 http://www.ptpress.com.cn
　　北京虎彩文化传播有限公司印刷
◆ 开本：700×1000　1/16
　　印张：13　　　　　　　　　　2020 年 2 月第 1 版
　　字数：150 千字　　　　　　　2021 年 8 月北京第 12 次印刷

定　价：55.00 元
读者服务热线：（010）81055656　印装质量热线：（010）81055316
反盗版热线：（010）81055315
广告经营许可证：京东市监广登字 20170147 号

本书编委会成员

董春丽　李培培　陈丽娜

推荐序一

近年来，保险市场快速发展，人们对保险产品的需求不断增长。我们身边不乏从事保险行业的人员，但是真正具备专业能力又能够站在客户的立场配置保险的经纪师还是相当缺乏的。大多数保险代理人都从其所在保险公司的利益出发推销产品和服务，而并非从客户的角度出发帮助客户解决问题和挑选产品。同时，由于客户缺少专业知识和经验，他们对保险产品是否适合自己难以做出判断，从而经常会有被欺骗的感觉。因此，很多人想提高自己在保险方面的认识，却苦于找不到合适的书籍，而《保险理财从入门到精通》这本书则满足了这些人的需求。

《保险理财从入门到精通》一书对保险的功能及配置原则做了详细描述。作者从保险的起源讲起，阐述了不同种类的保险的功能，分析了不同家庭、人群的保障和理财需求，解读了非健康体如何投保，讲解了我们在投保前后必须知道的事项，带我们走出购买保险的误区。全书清楚地阐述了进行保险规划的几个方面——意外、医疗、重疾、寿险、教育、养老、风险隔离、资产传承等，重点讲解了我们在不同年龄阶段应该配置哪些保险，从而让读者很容易接受，找到解决问题的思路。本书有较强的"实战性"和操作性，是一本既通俗易懂又实用的书。

　　本书可以帮助需要买保险的人从零开始认识保险，为他们在家庭保险配置上提供思路和方法；可以帮助保险从业人员更深刻地理解保险，建立起家庭风险管理体系的底层逻辑和必备知识架构。本书不论是对个人投保还是对家庭投保都具有较大的参考价值和指导意义。作为一位金融领域的企业家，我为这种实用性的书籍能够与大家见面感到非常高兴。

王晰

米多财富管理有限公司董事长

推荐序二

2018 年，我在给公司的保险经纪人做"养老风险管理逻辑"专题培训期间，从网上搜到了一款非常好用的工具——"金考易金融计算器"，我们立即将其推而广之，经纪人都觉得好用。大家之所以觉得好，是因为这款工具解决了经纪人和客户的难题。例如，如果通货膨胀率是 5%，那么现在的 10 万元在 20 年后相当于多少钱；如果我想从 60 岁开始领取养老金，每个月领取 1 万元并连续领取 30 年，那么我如何设计年金险的缴费方式？对于诸如此类的问题，我们在使用这款计算器时，只要输入几个已知数值，就能立刻得到精准的计算结果。类似的工具有很多，但是这么人性化的工具我还是第一次看到——设计者懂金融、懂保险，更懂商家和用户的心理。设计者能够把复杂的问题用简单的形式表达出来，其功力确实了得！

我还记得第一次见到胡老师的情景。见面之前，朋友就告诉我胡老师在北京一家知名培训机构任教多年，做 AFP 和 CFP 的培训工作，是所在机构的"金牌"讲师，她的学员遍及全国各地。

见面之后，我们相谈甚欢，胡老师在以下两个方面给我留下了深刻的印象。第一，快言快语、性格爽朗；第二，治学严谨、表达精准、言简意赅，具备将复杂的问题简单化的能力。在聊到年金险的话题时，我提到了那款计算器，胡老师说那是她所在团队开发的，她就是研发者之一。当时，在我的脑子里立即闪现出一个词：难怪！

之后，我经常邀请胡老师为我们公司的经纪人授课。胡老师在台上的"包袱"不断，经纪人听得津津有味。我在台下听时十分佩服，不由感叹："能把如此严肃、刻板的金融保险话题以深入浅出的方式表达出来，胡老师真是一位高手！"

我和胡老师是"同行"，作为一名在保险经纪领域从业十余年的"老兵"，我认为我国的保险消费市场在2015年出现了一个"分水岭"。

一份保单能否成功签订主要取决于三个因素：客户的保险意识、客户的交费能力、客户对业务人员的信任程度。

2015年之前，前两个因素相对受限，一份保单的成功签订往往取决于第三个因素，即客户对业务人员的信任程度。亲情、交情、专业能力、保险公司的知名度等都可以成为影响信任度的因素。如果亲情或交情因素占比较大就容易出现所谓的"亲情单"，其特点是保障程度低、交费持续性不强。

2015年之后，由于保险业费改政策的市场化效应及互联网保险的风潮，保单成交的三个因素发生了根本性变化，客户的保险意识逐渐增强——由"要我买"变成了"我要买"，其交费能力快速提升，这也影响了第三个因素：客户开始"货比多家"，客户越来越理性，其对业务人员的专业素质要求也越来越高。客户有主动消费的意识，并积极参与保险销售全过程，这是保险消费市场逐渐成熟的一个标志。

更为可喜的一个变化是，近年来很多拥有良好的教育背景和工作背景的"精英"开始主动了解保险行业并投身这个行业，行业幸甚！

接到胡老师要我为她的新书作序的邀请，我非常开心。胡老师编写这本书的初衷是她在实际的培训工作中感知到了这种变化——越来越多的消费者在购买保险之前想自己先了解保险，越来越多的初入保险行业的"新人"想系统地了解保险的基础知识。胡老师把讲义汇总整合，反复打磨，终成此书。我相信听过胡老师讲课的朋友们在读这本书时会有身临其境的感觉。

最后，我希望胡老师的书能对读者有所帮助，不管你是想学会"买保险"还是想学会"做保险"，这本书都能让你对保险形成系统性认知，我想这正是作者撰写此书的目的。

齐光华

黎明保险经纪有限公司北京分公司总经理

推荐序三

我与胡巧侠老师相识在一次理财规划师认证考试培训上，当时她正在讲关于税法的课。我对美国税法有所研究，因此对她所讲的内容产生了浓厚的兴趣。下课后，我们通过短短几句话的交谈彼此便产生了深深的认同感。之后，我们之间有了更多的交流，也有了更深入的合作。

胡老师是从国内名校毕业的经济学硕士，毕业后她一直从事金融行业的专业培训工作。她编著的这本《保险理财从入门到精通》是一本适合保险从业人员和投保客户阅读的书。在书中，胡老师对保险相关基础知识和专业内容进行了详细梳理（涉及配置保险的思路、投保的流程、条款的解读等多个方面），在此基础上深入讲解了不同的个体和家庭应该如何科学配置保险、规划财务。读完此书，我深深地感觉到胡老师作为一名培训师的专业和为行业、为社会不断创造价值的人格魅力。

我国的保险业刚刚发展了数十年，20 世纪 90 年代初，保险业刚刚兴起，"门槛"较低，从业人员专业水平参差不齐，社会认可度不高；我国加入 WTO 以后，国外很多相对成熟的保险公司进驻我国市场，在保险规划的设计、培训方面为我国的保险市场带来了很大的变化。近年来，一大批高素质人才积极投身保险行业，同时，保险行业本身也迎来了巨大变革——从单一的产品营销的模式，转变为复杂的为客户提供专业化服务、进行综合财务管理的模式。

我国保险业正在蓬勃发展，在此背景下我很高兴能看到《保险理财从入门到精通》这本书的出版，也非常期待胡老师后续有更多的作品面世。

杨丽敏

丽敏家族财富办公室创始人

永达理保险经纪公司营业部经理

MDRT 终身会员

推荐序四

　　我和胡老师相识于 2013 年，彼时，胡老师在北京的金融培训圈中已小有名气。当时，我所在的培训机构——华金金融培训中心，是全国有名的理财师培训机构，培训了数以万计的专业理财师，也汇聚了这个领域内顶尖的培训讲师。在这样一个精英讲师"扎堆"的地方，如果没有过人之处，根本排不上课，只能做教研工作。胡老师来到之后，在极短的时间内就凭借其扎实的学术功底，独树一帜的讲课风格，迅速成为华金金融培训中心的"明星讲师"，吸引了大批学员"粉丝"，各机构争相点名要求上胡老师的课。除了山东女人特有的豪爽、实诚和亲切以外，胡老师讲课的特点还在于能把复杂的问题简单化，把专业的知识用"大白话"表述，把死板的内容趣味化；能把碎片化的知识点进行高度概括，从而便于学员学习和掌握；能添加合适的案例和有趣的"段子"，从而便于学员理解和记忆。时隔多年，对于当年胡老师在课上讲过的很多知识点和例子，我记忆犹新。

　　后来，公司开拓了新的业务版块，成立了理财师服务平台。除了金融专业知识培训师外，胡老师还多了一个"金融实务讲师"的身份。她需要为理财师做资产配置、财富管理、方案落地的实战指导。为了积累实务经验，胡老师亲自到"一线"去，和很多"一线"理财师一起工作、交流、调研；和理财师的客户沟通、收集客户对家庭资产配置的真实情况、真实数据以及他们的真实需求与困惑。胡老师将理论结合实践，经过三年多的历练，逐步实现了从金融专业知识培训师到金融实务讲师的身份的转变。近两年，胡老师应邀为银行、"三方"机构、保险机构的理财师讲授实务类课程，很多理财师都惊叹于胡老师的业务指导能力之强，判断胡老师一定做过多年的"一线"财富管理工作，否则她怎么会对客户的需求和心理拿捏得如此精准，怎么会对各类资产配置思路和理财模型在实际应用和落地中的细节了如指掌，甚至对大量产品细节一清二楚。其实，这些都离不开胡老师深厚的金融理论功底和大量的实战经验。

在对理财师进行实务指导的过程中，胡老师对保险配置一直有着深入的研究和独到的见解。在进行保险实务培训和实践的过程中，胡老师发现在这个领域内，客户和从业人员都面临着一些普遍性困惑。

近几年，保险业费改政策和互联网保险的发展给保险行业带来了又一个"春天"，也给从业人员带来了新的机遇和挑战。保险宣传和购买渠道增多，保险产品类型迭代升级的速度加快带给客户更大的便利、更多的选择和实惠；各种媒体、公众号、论坛发布着大量保险知识和资讯，客户对保险的理解不断加深；而与此同时，客户对从业人员的专业性要求也在逐步提高。越来越多的专业的从业人员在市场上得到认可，在北京、上海、广州、深圳等一线城市甚至开始流行保险咨询付费模式。保险营销已不再停留在"凭关系、讲理念、讲故事"的时代，而开始进入考验从业人员综合能力的时代。这些综合能力包括：客户家庭财务风险识别能力、客房需求开发与分析能力、提供综合解决方案的能力、客户动态风险管理能力、全市场产品筛选与分析能力、综合售后服务能力、对医疗资源等保险周边资源的统筹协调能力。这一系列能力都决定了从业人员在日益激烈的竞争中能"走多远"。

近一段时间，网络上流传着一个"段子"，说当前保险行业的主要矛盾是人们日益增长的保险需求和保险专业人士的缺乏之间的矛盾，我深以为然。保险行业的培训很多，然而传统的认证类培训过于理论化，内容更新速度缓慢，与快速迭代的保险实务存在较严重的脱节现象。保险公司的内部培训多偏向于业务技能、销售技巧，而互联网上大量关于保险的知识和资讯过于复杂和碎片化。这些问题导致很多从业多年的保险专业人士依然没有掌握一套系统性、框架性的保险实务知识体系。

对于客户而言，他们的生活中充斥着大量的互联网资讯、各类短视频上的科普知识、身边各种专业与非专业人士的建议等。"公说公有理，婆说婆有理"，可是他们知道的知识越多，他们就越觉得保险行业的"水太深"，自己更不知道要从何处入手，也难以判断信息的真伪。而大部分客户的保险理念还处于萌芽阶段，由于信息的不对称和专业指导的匮乏，他们在对保险的认知上尚存在大量误区。

在这种情况下，胡老师研读了大量的国内外书籍，并进行了大量的访谈、学习和业务实践，结合自己多年的理论经验和近几年的实务经验，编纂了此书。其目的是帮助从业人员及广大的客户搭建系统性的保险实务知识框架，梳理保险脉络，把碎片化的知识系统化。

本书沿袭了胡老师讲课的一贯风格和特点：化繁为简、通俗易懂、高度概括、深入浅出、娓娓道来，精准总结并辅以案例，既有专业性又有故事性，既充满理性又不失趣味性。

我相信本书可以真正帮助客户从"零"开始认知保险，为家庭保险配置提供思路和方法，对保险工具的使用真正实现"从入门到精通"；可以帮助从业人员更深刻地理解保险，从而建立起家庭风险管理体系的底层逻辑和必备知识架构。

《保险理财从入门到精通》是每一位保险从业人员必读的保险实务工具书。

于沐然

N+1 家财办公室创始人

美国寿险百万圆桌协会超级会员（COT）

目 录

引　言
保险的起源

　　保险最早起源于海上运输。很久以前，商船在过海时，大约每十艘船中就会有一艘发生事故。对于商人来说，只要遭遇一次事故，一辈子可能就"白干"了。后来，有人想出了一个好办法：商船之间建立联盟，负责人把大家的货物分开来放，每艘船只放置其十分之一的货物。虽然事故仍然会发生，但因为大家提前做了安排，所以每人都只会损失百分之十的货物。

　　然而，这样做就要把货物多次装卸，还是有些麻烦，而且每次都凑齐十艘以上的商船也有一定的难度。后来，有人想出了更好的办法：他们直接收取百分之十的风险承担费用，如果船出事故，那么就按百分之百来赔；如果船顺利到岸，那么百分之十的费用也不再返还。海上保险，即最早的"保险"，就这样诞生了。

　　世界上最早的保单是一份由"圣·克勒拉"号商船的主人和商人乔治·勒克维伦订立的承担航程风险的契约。如今，这份保单被精心保存在图书馆里。现代意义上的保险合同是于1384年订立的"比萨合同"。当时的保险单上已经有"承保海上灾难、火灾、抛弃"等字样。这一时期，意大利在海上保险中"独占鳌头"。莎士比亚在《威尼斯商人》中就对海上保险及其种类进行过细致的描写。第一家海上保险公司于1424年在热那亚成立。

　　这种海上保险相当于今天的消费型保险。人们买保险不是为了赚钱，而是为了保全货物，这是保险的"初衷"。随着商船技术的进步及竞争的加剧，出现了返还型保险和分红型保险。后来，不仅局限于海上保险，一切可能遭到损失的财产都可被保险。再后来，从海上贩运奴隶开始，保险对象的范围扩大

1

到了"人"的身上，随后，意外身故险、健康险、医疗险、重大疾病险、养老险、教育险等各类保险也逐渐发展起来。今天，从歌星的嗓子到演员的脸，一切关乎投保人未来发展的事物，都可以通过保险得以"保全"。

随着社会的发展，人们越来越重视收益却忽略了保障。这也是目前保险行业和保险市场的现状，所以银保监会强调保险要回归保障的本质，我们买保险一定要做到先保障，后理财。因为保障型保险和理财型保险的功能是不一样的。

保障型保险："保"的是可能发生的"人身风险"，也就是当被保险人发生"人身风险"的时候被保险人/受益人可以得到经济上的补偿，其核心原理是"以小博大"。保障型保险产品是保障未来的收入，为了让今天更安心。保障性保险买的是保额，保额越高，保住的收入就越多。

理财型保险："保"的是可能发生的"经济风险"，也就是当投保人面临经济困境的时候，他可以有一笔备用的资金让生活无忧。理财型保险最大的优势不是投资回报，而是可以把未来一定要花的钱，以契约的形式固定下来，做到老有所养，幼有所护，财有所承，业有所依。理财型保险是保障过去的财富，为了让未来更踏实。理财型保险产品买的是保费，保费越多，留住的财富越多。

第一章

保险的种类

经常有人提出以下问题："买了重疾险还要买医疗险吗？""意外险不也保身故吗？为什么还要单独买寿险？""我有社保，公司也给我买了医保，再买百万医疗险不是花'冤枉钱'吗？""我才 30 岁，为什么需要买养老保险？"等。

接下来，我们就谈一谈市面上常见的各类保险究竟保什么，都有什么作用。

一、意外险

（一）什么是意外险

意外险保的就是"意外"。意外一定要满足四个条件：外来的、突发的、非本意的、非疾病的。

（1）意外是"突发的"，不包括中暑之类。中暑在一定程度上被认为是可避免的，而不是突发的。

（2）意外是"外来的"，不包括猝死之类。猝死属于疾病，是由于个体自身身体机能变化造成的。

（3）意外是"非本意的"，不包括自杀、自残之类。例如，投保人有意开车到河里，保险公司发现了是不会赔的。

（4）意外是"非疾病的"，不包括癌症之类。

（二）意外险有哪些种类

意外险主要有以下三大类。

1. 综合意外险

这个险种能理赔生活中各种意外所致的保险事故。根据保障期限不同，还可分为长期和短期两种。

常见的综合意外险是"交一年钱保一年"，长期综合意外险的保障期限长一些，但是其价格比一年期的综合意外险的价格高。所以对于大多数家庭来说，买一年期的意外险就够了。

综合意外险基本不存在"保不上"的问题，综合意外险健康告知特别宽松——只要投保人在买保险时不是重度伤残就能买。综合意外险生效快，最快第二天就会生效，例如，投保人在夜里 11 点买的，过了夜里 12 点保单就生效了。

2. 交通工具意外险

人们在乘坐交通工具（如公交车、轮船、飞机、地铁等）时因意外发生的事故都在其保障范围内。具体产品有保多种交通工具意外的综合交通工具意外险、保航空意外的航空意外险、保自驾意外的自驾意外险等。

对于不常使用的公共交通工具，我建议大家选择短期保障，如三天保障期、七天保障期等。

如果你选择了保障期为一年的综合交通工具意外险，却不使用这些交通工具出行，那么你就"白交"了保费。所以，在选择保险时请选择重要的保障项目，把钱花在"刀刃"上。

3. 旅游意外险

根据出行目的地不同分为境内旅游险和境外旅游险两种。大家可选择一些特色产品，如针对高原旅游的高原保险，针对高风险运动的高风险运动保险，针对境外旅游的恐怖袭击保险等。

综上，我们要注意，综合意外险和交通工具意外险是有区别的。综合意外险是只要被保险人出了意外事故保险公司就赔；交通工具意外险是被保险人只有在使用合同中约定的特定交通工具时发生意外，保险公司才赔。

例如，陈先生开着车，和别人撞了，属于交通工具意外险；陈先生走在路上，被车撞了，属于综合意外险。

（三）意外险能保什么

综合意外险一般包含意外身故险，在此基础上，有的产品还包含意外伤残险、意外医疗险等。有的产品还增加了住院津贴。

1. 意外身故险

若被保险人因意外导致身故，保险公司将给付保险金，保额是多少就赔多少。

2. 意外伤残险

保险公司根据被保险人残疾的程度确定理赔金额。国家规定，残疾共分十个等级，其中十级残疾最轻，一级残疾最重。十级残疾对应 10% 的保额，一级残疾对应 100% 的保额。

3. 意外医疗险

其理赔概率比意外身故险和意外伤残险明显高很多，它是对被保险人所付医疗费进行的补偿，如磕伤、摔伤、烫伤等治疗费用补偿。然而，不是所有的意外险都包括意外医疗险。大家如果关注有意外医疗险的产品，那么除了要关注医疗保额以外，还要关注以下事项。

免赔额：免赔额就是出了事不会赔偿的部分。有个别的意外险产品是"0 免赔额"的，比较常见的产品是"100 元免赔额"的，也有免赔额更高的产品。免赔额越高，同等情况下被保险人获得的赔付金额就越低。因此，在所交保费相差不大的情况下，我们应该优先选择免赔额低的，最好是"0 免赔额"的产品。

赔付比例：有的意外险是 100% 赔付，有的意外险仅赔付部分医疗费用，赔付比例越高，同等情况下被保险人获得的赔付金额就越多。因此，在所交保费差不多的情况下，我们应该优先选赔付比例高的产品。

单次给付是否有限额：所有意外险产品都有最高限额，但部分产品除了有最高限额外，还会有单次给付上限。因此在费率相同或相差不大的情况下，我建议大家优先选择单次给付不限额的产品。

是否限制医保范围：多数意外险都有在医保范围内报销的限制，个别产品没有此限制。在费率相同或相差不大的情况下，我建议大家优先选不限制报销范围的产品。

4. 意外住院津贴

同样含意外住院津贴的保险产品在免赔天数、单日给付额度、单次给付总天数、累计给付总天数等方面也会有差异。我们在费率相同或相差不大的情况下，当然应优先选免赔天数少、单日给付额度高、给付总天数多的产品。

（四）意外险不保什么

1. 中暑

中暑属于疾病范围，与意外四要素中的"非疾病的"不相符。所以意外医疗险所保范围不包括与中暑相关的医疗费用。我们如果想转嫁由中暑导致的经济风险，可以买商业医疗险。

〔案例〕

某年夏天，张女士在回家的路上突然晕倒，几个好心的路人把她送到了附近的医院。可遗憾的是，张女士因抢救无效身亡。她的丈夫王先生在悲痛之余想到自己曾给妻子买过一份意外险，便向保险公司提出理赔申请。但让王先生没想到的是，因张女士属于中暑身亡，保险公司拒绝理赔。

2. 猝死

虽然很多人从主观上觉得猝死属于突发性意外，但实际上并非如此。例如，"过劳死"的实质是过度疲劳导致机体内部发生了变化，如血压升高、动脉硬化等。因此，猝死不在意外险的赔付范围内。近年来，有些保险公司专门设计了针对猝死的产品。

〔案例〕

欧阳先生为了提高生活质量，找了一份兼职。他白天做一份工，晚上做一份工，没想到由于过度劳累晕倒了，送到医院时，他已经停止了呼吸。后经医生诊断，欧阳先生属于"猝死"。由于欧阳先生购买过意外险，他的爱人便拿着相关证明到保险公司要求理赔，可她等到的结果是保险公司不予理赔。

针对案例中的情况，大家可以选择普通意外险搭配猝死险。目前基本上有以下几种"捆绑模式"。

- 猝死＋意外身故
- 猝死＋意外身故＋意外伤残
- 猝死＋意外身故＋意外伤残＋意外伤害医疗

到底该选哪种组合，因人而异。例如，小王工作压力较大，经常按"896"模式上班（早上8点上班，晚上9点下班，一周工作6天）。那么，小王在买了足额的意外险之后，可以选择带有猝死责任的险种，这样保障会更全面。

3. 食物中毒

食物中毒一般是因食物被细菌或毒素污染，或者食物本身含毒素而引起的。食物中毒经常被认为与个人体质有关，因此，一般不在意外险的赔付范围内。但如果同时进食的人中有三人或三人以上发生食物中毒，则会被认定是意外事故。

〔案例〕

公孙大娘家没有冰箱，她只能常温储藏食物。一个周末，女儿说好全家来吃饭，公孙大娘把饭菜做好了，女儿却打来电话说临时加班来不了。公孙大娘觉得把剩菜扔了可惜，于是第二天再接着吃，没想到出了问题。公孙大娘出现了腹痛、呕吐等食物中毒的症状。因为公孙大娘之前购买了意外医疗险，所以"病"好后，她便要求保险公司赔偿，却被保险公司拒绝，其理由是个体食物中毒不在意外医疗险的赔付范围之内。

4. 高原反应

因为普通人在高原会缺氧是完全可以预知的，所以高原反应不符合"突发的"这个条件。

〔案例〕

葛大爷一直想去拉萨旅游，虽然他的愿望最终得以实现，但是拉萨也成了他人生的"终点"。在拉萨旅游的第四天，葛大爷突然出现高原反应，最终因医治无效去世。葛大爷购买过意外险，家人在悲痛之余向保险公司索赔，却被保险公司拒绝。

5. 药物过敏、手术意外

对于药物或手术导致的意外，综合意外险是免赔的。因整容市场十分"火热"，有的保险公司也设立了单独针对整容意外的产品。

〔**案例**〕

汪先生为自己购买了意外险。不久后,汪先生患了急性梗阻性化脓性胆管炎。因病情严重,医生建议汪先生通过手术进行治疗,没想到,因手术中出现意外,汪先生离开了人世。汪先生过世后,他的家属到保险公司索赔,可保险公司不予理赔。其理由是汪先生的死亡并不属于遭受意外伤害而导致的死亡,而属于手术过程中的意外死亡。

6. 妊娠、流产、分娩

近年来,与妊娠相关的意外常常发生。目前,市面上有一些专门的母婴类保险可以承保部分妊娠相关的风险。

〔**案例**〕

前段时间,杜女士被电动车撞了一下,她本以为这只是一个小事故,却没想到自己已经怀孕三个多月,就因为这场事故而不幸流产了。杜女士经常出差,她所在单位给每一名员工买了人身意外险。可当杜女士拿着保单去保险公司办理赔时,她却被告知意外险理赔当中是不包括妊娠意外的。杜女士这时才注意到在合同的条款中确实有关于被保险人妊娠、流产、分娩的免责内容。

7. 从事高风险运动或参加职业/半职业体育运动

近年来,特定场景下的意外风险明显增加,所以很多保险公司将其纳入综合意外险的免赔范围内。有需要的消费者可选择专门的高风险运动保险产品。

〔**案例**〕

韩先生约朋友去海边冲浪,在出发之前,他和朋友都购买了短期意外险。在冲浪中,韩先生意外溺水身亡。事后,韩先生的家人到保险公司索赔,却被保险公司拒绝了,理由是在韩先生购买的这份保险中已写明:攀岩、漂流、潜水、滑雪、蹦极、冲浪等高风险活动所造成的人身伤亡或财产损失都在免责范围内。

8. 故意杀害、伤害，故意挑衅行为所致

如果被保险人因故意行为增加了意外发生的风险，那么保险人不予赔偿；但如果被保险人在自杀时为无民事行为能力的人（如 10 岁以下的小孩、完全精神病患者），则给予赔偿。

9. 醉酒、吸毒期间

酒驾、无有效驾驶证驾驶或驾驶无有效行驶证的机动车期间发生意外所造成的人身伤亡或财产损失是免赔的。

除上述较常见的几种免责情况之外，不同产品的责任免除范围还会有些差异：有的产品明确说明，未遵医嘱私自服用、涂用药物所导致的意外不在索赔范围之内；有的产品则没有特殊规定。因此，我想特别提醒大家在选购保险产品时要仔细看清保单上的条款。

（五）谁适合购买意外险

意外险几乎适合所有年龄段的人，目前市面上可以找到 0 岁至 80 岁的人都适用的意外险。在家庭中，我们尤其要优先为家庭的"经济支柱"购买意外险。

（六）如何选择意外险

我们在选择综合意外险时应主要考虑以下两个方面。

1. 保障项目

原则上，我们在给孩子和老人买保险时应优先关注意外医疗险，给成年人买保险则应看重综合意外保额，一般应在意外身故、意外伤残、意外医疗都已经配备的情况下再考虑意外津贴。

买意外险一定要关注产品是否包含意外身故、意外伤残和意外医疗三个部分，如果不包含这三个部分，那么它就算不上是一个优质的意外险产品。当然，保额也很重要。

2. 保障额度

对于普通家庭来说，保额为 50 万元至 100 万元都是合理的。不过许多保额在 100 万元的意外险都会要求投保人 / 被保险人的年收入为 10 万元以上。所以，我们可以考虑买两份 50 万元的意外险。例如，甲公司的猝死险和乙公司的意外医疗险都不错，那么我们就可以一起购买，加强保障。

以意外身故、伤残为例，在给不满 10 周岁的孩子购买意外险时，我们所购保额不宜超过 20 万元。因为根据银保监会的相关规定，不满 10 周岁的被保险人死亡，保险公司最多赔付 20 万元（航空意外险不受此限制）；而购买意外医疗险时，一般建议选择至少 2 万元的保额。

（七）如何理赔

近因原则是保险赔付的一个重要原则。我们不要认为所有看似意外的死亡都在意外险的赔付范围内。下面我举两个案例向大家解释一下。

〔案例 1〕

张三在走路时不慎跌倒，造成轻微脑震荡，在救治的过程中因突发脑出血而身亡。案例中，张三摔倒造成轻微脑震荡，而这并没有直接导致其死亡。突发脑出血直接导致了张三死亡，但这不属于意外险的理赔范围，而属于重大疾病的赔付范围。那么，在本案例中保险公司一般只赔付治疗轻微脑震荡的医疗费用。

〔案例 2〕

张三在走路时不慎跌倒，造成轻微脑震荡，而轻微脑震荡又造成了颅内出血，张三不幸当场死亡。换言之，摔跤直接导致轻微脑震荡，轻微脑震荡直接导致死亡。摔跤、轻微脑震荡、死亡，这三者构成了直接的因果关系，那么这就属于意外险的理赔范围了。

近因原则是判断保险人是否承担保险责任的一个重要原则。如果大家想购买意外险就应该对保险理赔的原则有清晰的认识，从而尽量避免陷入理赔纠纷。

（八）有关意外险的注意事项

我们在购买意外险产品时，应注意以下几点。

（1）意外险价格便宜、杠杆高。因此，我建议大家把意外险作为自己购买的第一份保险。

（2）谨慎选择"保额低、保费高"的返还型意外险。

（3）普通意外险的保障范围仅限于国内，出国旅游前买一份旅游意外险是很有必要的。

（4）就价格而言，在"线上"买比在"线下"买更合适。

二、重疾险

（一）什么是重疾险

重疾险即重大疾病保险，简单来说，是指如果买了重疾险后，被保险人被确诊患有保单范围内的重大疾病种类，那么保险公司会一次性进行赔付。也就是说，保险公司会直接给付一笔钱，这笔钱没有用途的限制，可以看作对被保险人在患病期间无法工作的一种补偿。所以重疾险又被称为收入补偿险。

（二）重疾险为何复杂

重疾险被认为是较为复杂的保险，对买保险的人来说，重疾险有很多种类，每一种又有不同的规定。

为了满足人们的现实需求，保险公司对重疾险进行了调整。

有人觉得银保监会规定的 25 种重疾还不够，保险公司就增加了病种。

有人觉得单纯保障重疾还不够，保险公司就推出了"寿险＋重疾"的产品，从而将消费型重疾险变为储蓄型重疾险。

有人不想让保费"打水漂"，保险公司就采取了返保费、分红的形式。于是，市场上就出现了返还型重疾险。

还有人担心自己多次得重疾，保险公司就采取了多次赔付的方式。这就意味着重疾险从单次赔付重疾险，变成了多次赔付重疾险。

（三）重疾险有哪些种类

根据保障时间的不同，重疾险可分为定期重疾险和终身重疾险。其中，定期重疾险又分为定期消费型重疾险和定期返还型重疾险。下面，我简单介绍一下几种主要的重疾险。

1. 定期消费型重疾险

定期消费型重疾险注重对投保人权益的保障。投保人可以通过缴纳较少的保费获取相应的保障。如果保期逾期，保险公司不返还保费。

这类产品不含身故保障责任，只有疾病保障责任，是没有寿险责任的重疾产品。保险公司并不能做到全额赔付，被保险人只有患了"约定重疾"，保险公司才给予赔付。如果被保险人在保障期间身故，保险合同就会终止。

例如，某人购买了一份定期消费型重疾险，其保额为50万元。在保障期间，如果被保险人意外身故，那么保险公司不赔付，保险合同终止。

这种类型可以说是纯粹的"买重疾保障"，优势在于杠杆高，可以用"低保费"买"高保额"。

2. 定期返还型重疾险

定期返还型重疾险可以理解为储蓄型重疾险。投保人必须持续缴费一段时间，否则会承担较大损失。返还型重疾险的费用较高，投保人交满费用之后就可以不再续保，并在指定保险期限（如10年、20年、30年）内一直享受保障，最后，保险公司还会返还保费。

3. 终身返还型重疾险

终身返还型重疾险属于传统型终身重疾险，含身故责任，被保险人身故或患重疾都可以得到赔付。

市面上80%以上的重疾险都属于传统型终身重疾险。这类重疾险的保障责任主要有两种：疾病和身故保障。此类产品最大的特点就是可以保证被保险人能够拿到一次保额，保险公司一般会全额赔付。

例如，某人购买了一份终身返还型重疾险，其保额为50万元，就算他终身没有生病，自然死亡，保险公司也要赔付他50万元的保额。

终身返还型重疾险一定会得到赔付，所以终身返还型重疾险的保费率一般高于定期消费型和定期返还型重疾险的保费率，但在缴费期间，保费率维持不变，缴费期从 5 年到 30 年不等。

例如，某人购买了一份终身返还型重疾险，保额为 50 万元，缴费期为 10 年，每年缴费 1 万元，缴满 10 年后他就不用继续缴费了，并且可以保障终身。

消费型和返还型两种类型的重疾险的区别如下。

（1）保费金额不同

消费型重疾险更便宜。用相同保费购买重疾险，消费型重疾险的保障额度会更高；保障额度相同时，消费型重疾险的保费更低。

（2）保障内容不同

消费型重疾险的保障内容较少，责任较少，一般为身故、全残、重疾保障；返还型重疾险的保障内容有重疾、轻症、身故、全残、满期金等，因为返还保费，所以返还型重疾险的保费比消费型重疾险的高。

（3）缴费年限不同

①消费型重疾险不需要每年固定缴费，一般是按年投保。随着参保人的年龄越来越大，其患重疾的风险也越来越大，保费也会增加，但是总体来说，消费型的保费比储蓄型的低很多。消费型重疾险投保灵活，投保人完全可以中断几年之后再投保，不会有经济负担，但投保人到了一定年龄可能就不能再续保了，因此消费型重疾险比较适合年轻人。

②返还型重疾险需要投保人持续缴费满一定年数，不能间断，否则损失会很大。返还型重疾险费用较高，交满一定年限后就可以不再续保，被保险人在指定保险期限内可一直享受保障。这需要投保人在缴纳保费期间的经济情况一直较好，不至于中断缴费。

有的人把购买返还型重疾险比作“买房”，虽然要按揭付款很多年，但是交完这些余款，房子就是自己的了，余生都有保障。他们把购买消费型重疾险比作“租房”，其特点为廉价、灵活，比较适合年轻人，对投保人而言没有太大的经济压力。无论“买房”还是“租房”，适合自己的、在自己经济能力范围之内的保险才是最好的。我给大家的建议是 40 岁及以下的人群可以选择消费型重疾险；超过 40 岁的人群，可以选择返还型重疾险。

（四）购买重疾险时要不要附加轻症

我们在购买重疾险时附加轻症至少有以下两个好处。

第一，可以降低重疾险的理赔门槛。投保人如果患了达不到重疾标准的疾病，可以通过轻症保险要求保险公司赔付。

第二，可以豁免后期保费。目前的重疾险普遍支持"轻症豁免"，这就意味着投保人如果一开始得了轻症，那么他可以先拿到 20% 至 30% 的重疾保额，并且不用再交后期的保费了。如果轻症以后恶化成重症，那么投保人还可以再拿到 100% 的重疾赔款。所以，我们在购买重疾险时附加轻症是非常必要的。

〔案例〕

> 王女士给妈妈买了价值 50 万元的重疾险（额外给付型），约定缴费 30 年。第 3 年，王女士的妈妈突发心肌梗死，医生综合考虑多方因素，没给王女士的妈妈做需要"开胸"的冠状动脉搭桥术（重疾），而采用了无须"开胸"、创伤较小的冠状动脉介入手术（轻症）。
>
> 最后，王女士的妈妈得到了 15 万元的轻症赔款，并且不用再交后期的保费。如果以后她得了其他重疾，那么她还可以再得到 50 万元的赔偿。

1. 什么是轻症

其实轻症不"轻"，它可以被理解为"早期严重疾病"。如果治疗不及时，轻症也可能转为重症。

例如，单目失明属于轻症，而双目失明属于重症，可是对于普通人来说，单目失明仍是一个重大打击。

2. 购买附加轻症的重疾险，有哪些注意事项

（1）是否包括高发轻症

主要的高发轻症有以下几个：

①极早期的恶性肿瘤或恶性病变；

②不典型的急性心肌梗死；

③轻微脑中风；

④冠状动脉介入手术（非开胸手术）；

⑤心脏瓣膜介入手术（非开胸手术）；

⑥主动脉内手术（非开胸手术）；

⑦脑垂体瘤、脑囊肿、脑动脉瘤及脑血管瘤；

⑧中度脑损伤；

⑨较小面积Ⅲ度烧伤。

（2）提前给付还是额外给付

大部分附带轻症的重疾险有以下规定：被保险人如果得了轻症疾病，那么保险公司将赔付其20%的保额。之后，如果他又患了重疾，那么他可以获得100%的重疾保额。

（3）赔付几次，是否分组

一般来说，在所缴纳的保费差不多的情况下，保险公司赔付的次数越多，对被保险人越有利。

单次赔付的重疾险，轻症一般不分组；而多次赔付的重疾险，大部分轻症会分组。

在缴纳同等保费的情况下，我建议大家购买轻症不分组的保险。

（4）是否包含轻症豁免保费

目前，大部分重疾险都支持"轻症豁免"。但是，在有的产品中轻症和重疾是"捆绑"的，其保险费率是固定的。有的产品则并非如此，投保人可以自由选择是否附加轻症。当然，如果投保人选择附加轻症，那么他需要额外支付一部分保费。

在此，我推荐大家选择附加轻症的重疾险（最好包括高发轻症）。

（五）购买重疾险时要不要附加中症

市场竞争日益激烈，各家保险公司为了抢占市场份额不断更新产品。中症被开发出来之后，附带中症的重疾险产品又在保险市场上掀起了一股热潮。

中症疾病就是比轻症疾病严重一些，但尚未达到重疾程度的一类疾病。中症中有部分疾病本属于轻症。

一般情况下，轻症理赔金额为基本保额的20%~30%，中症理赔金额为基本保额的50%。

例如，一般的重疾险规定，Ⅲ度烧伤面积在20%以上（含20%）的，按重疾赔付；Ⅲ度烧伤面积在15%以上（含15%）并且在20%以下的，则按轻症赔付。轻症被归为中症后发生了以下变化：Ⅲ度烧伤面积在10%~15%的算轻症，赔付20%~30%的保额；Ⅲ度烧伤面积在15%~20%的算中症，赔付50%的保额；Ⅲ度烧伤面积在20%以上（含20%）的算重疾，赔付100%的保额。

（六）应选择单次赔付还是多次赔付

有些人在购买重疾险时，一直在犹豫该选择单次赔付还是多次赔付。如果选择了单次赔付，他们又担心自己万一得了重疾，没法再续保；如果选择了多次赔付，他们又觉得保费太高，况且患重疾的概率很小，自己可能没那么不幸。

重疾险产品在不断更新换代——从只保重疾到轻症、中症都可保，从只保二十几种疾病到保上百种疾病，从单次赔付到多次赔付，等等。重疾险产品的种类相当多，那么，到底有没有必要买多次赔付的重疾险？

1. 单次赔付

被保险人一次患病得到理赔后，合同终止，其后续生活就失去了的保障。因为被保险人患过重疾，存在理赔记录，所以他以后再买重疾险往往会被拒保。

〔案例〕

董小姐买了单次赔付的重疾险，缴费期限为 20 年，保额为 50 万元。后来，董小姐不幸得了甲状腺癌，保险公司赔付 50 万元。对于董小姐来说，她以后可能再也买不了重疾险了，将来万一她再得其他重疾，保险公司也不会赔付了。

并不是所有的癌症都会导致死亡，希望大家不要"谈癌色变"（见图 1-1）。例如，甲状腺癌的治愈率高达 95%，而且所花的医疗费用也不高。

董小姐买了 50 万元的重疾保险，如果是单次赔付的，那么这次她因患甲状腺癌能获得 50 万元的理赔金，治疗费用只需要不到 10 万元，还剩下 40 多万元，可是如果她以后再得重疾，就无法获得理赔金了。如果董小姐选择了多次赔付的重疾险，她不仅这次能拿到 50 万元的理赔金，万一以后不幸再得其他重疾，也能得到理赔。

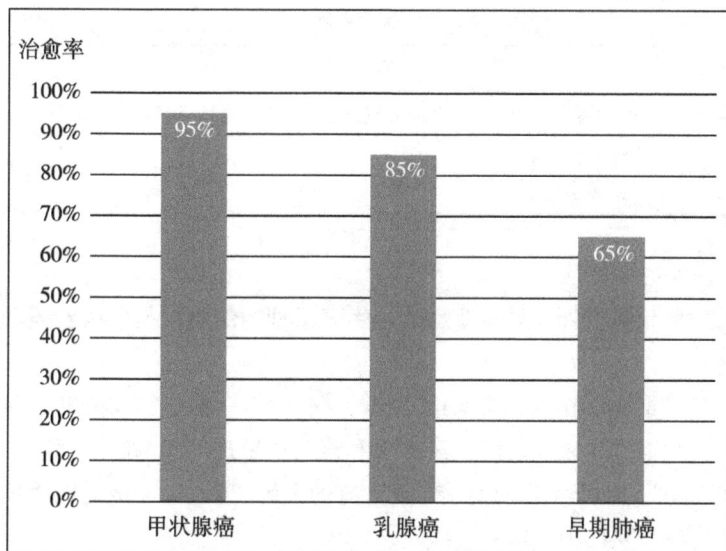

图 1-1 甲状腺癌、乳腺癌、早期肺癌的治愈率

2. 多次赔付

多次赔付的重疾险是指得了一次重疾，理赔后保单效力不终止，后续保费不用交了，第二、第三次重疾依然可以得到赔付。

例如，如果董小姐买的是多次赔付的重疾险，那么她在得到甲状腺癌赔付后，不仅不用缴纳续期保费，如果以后再得了其他重疾，那么保险公司还会赔。

下面，我们谈一谈重疾险多次赔付的注意事项。

（1）分组

多次赔付重疾险可以对不同的重疾进行多次赔付。通常情况下，保险公司将重疾分成若干组（一般为 2 至 5 组），理赔过一组中的重疾后，该组责任终止，但仍提供其他几组重疾的保障。现在也有一些不分组的多次赔付重疾险。

例如，某个多次赔付型重疾险将重大疾病分为 A、B、C、D、E 五组（见表 1-1）。假如被保险人患了 A 组中的某种疾病，保险公司将支付其重疾理赔金，同时 A 组的重疾责任终止，身故、全残责任终止，但其他各组的重疾责任依然有效。过了一段时间后，如果被保险人罹患 B、C、D、E 组中的重大疾病，保险公司将继续理赔。

表 1-1　某重疾险分组

A 组	B 组	C 组	D 组	E 组
恶性肿瘤	重大器官移植	急性心肌梗死	脑中风后遗症	双耳失聪
侵蚀性葡萄胎	终末期肾病（尿毒症）	冠状动脉搭桥术	良性脑肿瘤	严重Ⅲ度烧伤

（2）发病时间间隔

除了病种分组之外，另一个影响重疾多次理赔的因素是两次发病之间的时间间隔。

多次赔付重疾险在第二次与第三次的赔付时，一般会有间隔期。间隔期是指在第一次和第二次重疾之间或第二次和第三次重疾之间的时间间隔。有的重疾险的间隔期为 90 天，有的为 180 天，有的则为 1 年。1 年的时间太长，我不建议大家选择间隔期为 1 年的重疾险。

（3）赔付顺序

有些多次赔付型重疾险规定，被保险人在获得首次赔付重疾保险金后，还有获得下次重疾赔付的机会。被保险人在其获得首次赔付后合同依然有效，但这类重疾险也会规定死亡、全残、疾病终末期和轻症疾病责任效力终止期。有的险种规定重疾和轻症是分开赔付的，重症赔付并不影响轻症赔付，但这里的轻症是除去"和已赔付重症相对应"的轻症。

（4）多次赔付

下面，我们将举例分析多次赔付是否合适。

①一般来说，得过重疾的人，其身体免疫力会大大下降，再次罹患疾病的概率会比一般人高，需要重疾险的保障。但保险公司大多不愿意承保有重疾病史的人。

例如，某人因为罹患肺癌而获得理赔，但这并不意味着他以后不会再得脑中风、急性心肌梗死等其他疾病，毕竟癌症只是重疾里面的一种。

多次赔付型重疾险可以满足已经患过重疾还想继续投保的客户的需要。保险公司赔付过一次，但只要符合约定，被保险人还能得到多次赔付，从而避免了一旦患重疾再无保障的风险。

②很多重疾治愈的可能性越来越高，例如，器官移植手术术后存活率已达90% 以上；45 岁以下患有心脏病的成年人在手术后可以存活 3 年以上甚至更

久的概率为 80%；2/3 的中风病人可以被治愈，等等。

而且，重疾中的很多病种并不会威胁人的生命，如双目失明、双耳失聪、严重川崎病、严重幼年型类风湿性关节炎等。

被保险人罹患这些重大疾病后基本无法再购买重大疾病保险，所以我们应该购买一款多次赔付重疾险。

③对于保险公司而言，"多次理赔"比"一次理赔"所承担的风险更大，当然其所收保费也比一般的重疾险高一些。但从客观上来说，多次赔付重疾产品相较于单次赔付重疾产品也确实多了许多保障内容。

综上可知，单一保障已经不能覆盖重疾者的补偿需求，所以多次赔付的重疾险产生了。

多次赔付保障的意义在于能够应对多次重疾发生的可能性，在价格差别不大的情况下，选择多一层保障的产品会让我们更安心。当然，多次赔付的重疾险并不是所有人都适合。我们要根据个人的经济状况以及自身的需求来综合考虑。

如果你有家族病史，如家庭成员都曾罹患过不同的重疾，那么就有必要投保多次赔付的重疾险。

如果你为孩子投保，那么你可以考虑多次赔付的重疾险。毕竟孩子未来的路很长，发生多次赔付的概率要比成人高。

如果你没有太高的预算，那么我建议你选择覆盖基本重大疾病的传统型重疾险，把重点放在第一次赔付上，等手头更宽裕了再做调整。总而言之，我建议大家优先把保额做高，不要为了追求多次赔付而降低保额。

我们除了可以购买多次赔付的重疾险以外，还可以购买多个一般的重疾产品，或者在购买了一款重疾产品的基础上再购买几种高发疾病的专项保险，如专项防癌险等。在这类高发疾病上加强保障就意味着你购买了多重保障，也增加了保额。这样购买虽然比一次性购买多次赔付的重疾险有更多支出，但其最大的好处是克服了多次赔付分组的限制，加强了对癌症等高发疾病的实质性保障。

（七）重疾险的赔付原则

重疾险一经确诊就给付保额，这非常符合现实情况：我们一旦遭遇重大疾病，就会马上面临巨额支出。因此，我们在购买重疾险时要看好赔付额度。因为重疾险并不是仅仅用来补偿医疗费用的，它还有补偿患病后家庭经济损失的作用。在现实生活中，很多重病患者很难再继续工作，收入就会终止，那么家庭的经济来源就成了大问题，而重疾险赔付的保险金能解决这个问题。例如，重疾险保额为 80 万元，实际治疗费用为 50 万元，那么剩下的 30 万元就可被用作生活费和康复费。

此外，重疾险是可以重复购买的。例如，你在 A 公司买了一份 50 万元保额的重疾险并不影响你在 B 公司买一份 100 万元保额的重疾险。一旦确诊，两家公司都会赔付，A 公司赔付 50 万元，B 公司赔付 100 万元，总共赔付 150 万元。你可以用这些钱看病、补贴家用，具体如何使用，保险公司不会干涉。

（八）"三步"买对重疾险

重疾险怎么买才好，确实要综合考虑多种因素——买多少保额合适，保期选多久，所保的病种是否越多越好，等等。如果没有经过全面考虑，我们就可能买错。下面，我们就来谈谈到底怎么选重疾险。

1. 如何选择保期

我建议选保期较长的重疾险产品。

（1）短期产品的初期保费很低，但由于其费用会随被保险人年龄的增加而增高，长远来看，短期产品在价格上并没有什么优势。

（2）短期重疾险无法保证长期续保，存在产品停售的风险。大部分产品在每年投保时都要重新确认健康告知，健康出现问题就可能无法通过核保，被保险人就彻底失去了保障。

（3）投保人购买重疾险的出发点是希望生病时家庭不会有太大的经济负担。所以，保障期选多久也取决于疾病风险的分布情况。理论上，人的一生都有得大病的风险。在预算允许、保额足够高的情况下，我们还是应该尽量选"保终身"。

可是很多刚参加工作的年轻人的经济基础比较薄弱，他们如果买足额的终身重疾险会面临比较大的经济压力。因此，在身体健康状况好的情况下，年轻人可以先买一份长期的定期重疾险，待条件改善后再及时补充终身重疾险。

我们在 45 岁至 49 岁期间患癌症及其他慢性病的风险会明显增加。如果我们在这段时间里将保障中断，之后再来买保险，除了价格会很高以外，因健康问题被拒保的可能性也会很大。因此，我们在投保时就要注意：在 45 岁至 60 岁之间一定不能存在保障空白。

2. 如何选择保额

一般情况下，保额起码要覆盖大部分的治疗费用，才能起到转移风险的作用。例如，如果投保人买了一个 10 万元的保险产品，之后不幸得了冠心病，做了两个手术，花费了将近 20 万元，那么这就起不到转移风险的作用了。

保额与当前各种重大疾病的治疗费用密切相关。从最近几年的 25 种重大疾病治疗康复费数据可知，理赔率占比最高的恶性肿瘤的相应费用约为 30 万元；急性心肌梗死、脑中风后遗症、器官移植、冠脉搭桥等理赔占比排名靠前的重疾，其相应费用也在 30 万元左右。因此，我建议大家将重疾险保额设定为最低 30 万元。

如果你有医保，那么你实际需支付的费用是医保不报销的部分。最新数据统计，如果个人因重大疾病住院，医保能报销的最多占全部医药费的 60%，甚至更低。例如，约 80% 的治疗恶性肿瘤的进口药不在医保范围内。那么，在有医保的情况下，个人要承担的重疾治疗康复费约为 20 万元。

除了疾病治疗成本以外，保额也与投保人的收入水平有关。

例如，一个三口或四口之家，妻子全职带孩子，丈夫的收入是家庭唯一的经济来源。如果丈夫患病无法继续工作，收入中断，那么全家人的生活都将失去保障。

重疾险的保额仅覆盖疾病治疗费用还不够，我们还要考虑被保险人的工作收入损失。那么，其所投保额至少要在 30 万元的基础上加上个人年收入的 3 倍。如果一次所投保额不充足，可以进行分次缴纳。

例如，朱先生的年收入为 20 万元，如果他需要买重疾险，基本保额为 30 万元，加上他三年的收入 60 万元，那么朱先生需要缴纳的重疾险保额应为 90 万元。

3. 如何选择所保病种

我们到底买多少种重疾险合适？银保监会规定了 25 种重大疾病，其中 6 种属于必保疾病，另外 19 种属于可选疾病。

保险公司可以自行决定是否增加除这 25 种疾病以外的病种，所以许多保险公司为了突出产品"亮点"，增加产品的竞争力，都增加了重疾险所保障的疾病病种。

然而，重疾险保障多少种疾病并不是我们需要关注的重点。因为高发的重疾一般集中在保险公司必保的六种疾病中。相关数据显示，理赔率最高的三类疾病为恶性肿瘤、心血管疾病和脑中风后遗症，此三者的理赔率之和高达90%。

所以，一般而言，重疾险如果覆盖了25种疾病就基本能够满足人们的需求了。当然，如果可以保障更多疾病，但保费没有明显增加，那就更合适了。

三、商业医疗险

（一）什么是商业医疗险

丽丽近期经常加班，没有照顾好自己的身体而罹患重病。她在治疗期间共花费了16万元的住院费，她想通过社保报销住院费用，然而只能报销一部分费用。丽丽想起自己还购买了一份商业医疗险，也可以通过商业医疗险报销一部分费用，这对她的家庭来说无疑是"雪中送炭"。那么，什么是商业医疗险呢？

商业医疗险是指由保险公司经营的具有赢利目的的医疗保险。商业医疗险是相对于社会保险而言的，是以被保险人身体的健康状况为基本出发点，对被保险人因疾病或意外伤害造成的医疗费用和收入损失进行补偿的一类保险。被保险人可以报销各种看病费用，如住院费、手术费等。

（二）为什么要买商业医疗险

据统计，我国的医保覆盖率已达到95%，我国已基本实现了全民医保。说实话，很多人都会有疑问："我有医保，为什么还要再买商业医疗险？"

传统意义上的医保限定报销比例，需要个人自付一部分。市级职工医保（含大额）的实际报销率约为70%，癌症患者的医保实际报销率则约为60%。

也就是说，除了医保报销以外，还有30%~40%的医疗费需要患者自付。一般而言，医疗总费用越高，实际报销的比例越低。

而通过购买商业医疗险可以报销医保不能报销的部分，商业医疗险是对医保的补充。例如，有很多通过医保不能报销的进口药费、治疗费等都是可以通过商业医疗险报销的。商业医疗险可以报销医保以外的合同里规定的合理且必需的费用，这就在更大程度上减少了自费，减轻了个人的经济压力。

社会医疗保险只能保障我们基本的生活需求，而一旦发生重大疾病风险，我们光靠社保是远远不够的（见图 1-2）。所以，当我们有了一定的经济基础之后，可以根据家庭情况适当地配置一些商业医疗险，从而为家庭"保驾护航"。

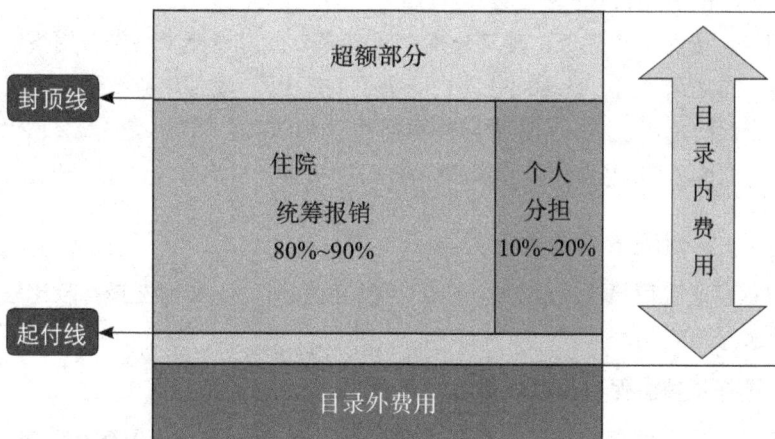

图 1-2　社会医疗保险报销情况分布

（三）商业医疗险有哪些类型

商业医疗险通常有以下三种类型。

1. 低保额、低免赔的医疗险

这类医疗险没有免赔额，只要被保险人住院了就能报销；保额低，一般为 1 万元～5 万元。此类保险可作为医保的补充，解决一些小额的住院、医疗费用。

2. 高保额、高免赔的医疗险

此类医疗险有 1 万元免赔额，保额高，通常被称为"百万医疗险"，是目前市面上较为热销的保险产品之一。

3. 高端医疗险

可直付公立医院特需部、公立医院国际部、私立医院等，保额相当高，通常用作巨额医药费的保障，当然，投保人所享受的服务也是顶级的。

例如，席女士住院总共花费了 3 万元，她通过社保报销了 2.1 万元，如果她买了一份有 1 万元免赔额的医疗险，那么保险公司不会赔付，因为席女士实际自费金额仅为 9 000 元，而不到 1 万元。

商业医疗险和重疾险不一样，我不建议大家重复购买，因为同一笔费用不能在多家保险公司重复报销。只有报销的费用超过保额了，才能先找一家公司理赔，剩下的费用再找另一家公司理赔。

例如，杨女士有医保，她又分别在两家保险公司投保了一份费用报销型医疗保险。2016 年 9 月，她因病住院，花费了 1.7 万元，医保中心报销 7 000 元后，她向两家保险公司索赔。一家保险公司报销了 3 000 元，另一家保险公司以"只赔医保范围内、保险公司已理赔以外的部分"为由，只为其报销了几十元。

（四）如何配置商业医疗险

配置商业医疗险非常重要，下面，我们就探讨一下如何选择一款比较优质的商业医疗险产品。

1. 选择覆盖医保目录以外费用的产品

我们能通过医保报销的金额是有限的，因此我们在买商业医疗险产品时，要尽量选择能覆盖医保目录以外费用的产品。

2. 选择高报销比例的产品

商业医疗险并非能够报销全部费用。在有重大医疗费用开支的时候，高报销比例的产品比有固定免赔额的产品更加经济。例如，如果自费为 50 万元，0 免赔，报销比例为 80%，那么个人承担的费用为 10 万元；如果是 1 万元免赔，1 万元以上的部分其报销比例为 100%，那么个人承担的费用仅为 1 万元。因此，从防范重大风险的角度考虑，我建议大家尽量选择报销比例为 100% 的产品。

3. 追求更高保额

商业医疗险保额的重要性是不言而喻的。达到一定额度后，保额的增加并不会引起保费的剧烈上涨。因此，从目前的医疗费用水平来看，我建议大家所投保额最好不低于 100 万元，同时在条件相当时尽量追求更高保额，以便有更多的操作空间。

当前市场上的百万医疗险产品基本上都可以满足大家的需求，大家可以根据自己的医保情况、身体状况、经济状况及喜好自行选择。

（五）为何要买医疗险

1.重疾险和医疗险的保障范围不一样

重疾险转移的是大病风险，既"得了大病才赔"；而医疗险转移的是看病的风险，即"无论得了大病还是小病都赔"，这一点和医保类似，但医保的报销范围较小，医保只报销医保目录内的医药费，而不报销目录外的费用。总而言之，三者各有侧重，谁都无法完全替代谁。

2.重疾险、医疗险、医保互不冲突

保险公司会直接给付约定的重疾保额，不会扣除已经赔付的医疗险保额和国家统筹基金已报销的那一部分费用。因此，医疗险对医保有补充作用。

所以，即便我们已经购买了重疾险，也需要买百万医疗险；即便有医保，也有必要补充一款商业医疗险。我建议大家购买高免赔额、高保额的商业医疗险，因为有医保，即使住院，我们自己也有能力承担医疗费，所以就没有必要购买小额商业医疗险了。

（六）注意事项

1.保障范围并非越大越好

商业医疗险的价格与保障范围密切相关。如果我们所购保险产品的保障范围超出了我们的需要（例如，我们根本不打算出国治疗，却买了全球范围的医疗保险），那么就意味着我们支付了额外的费用，这就非常不合适了。所以，我们要买适合自己的保险产品。

2.年轻人并非不需要医疗保险

很多年轻人觉得自己身体健康，不需要买医疗保险，其实并非如此。一方面，年轻人发生意外及患重疾的概率并不小，需要医疗保障；另一方面，投保年龄越大费率越高，我们如果不在年轻时投保，年老时就可能无力购买合适的医疗保险了。

四、定期寿险和终身寿险

（一）什么是定期寿险和终身寿险

寿险是最简单的保险，可以理解为"身故就赔"。寿险一般分为定期寿险和终身寿险两种。

1.定期寿险

定期寿险是指在保险合同约定的期间，如果被保险人死亡或全残，则保险公司按照约定的保险金额给付保险金；若保险期限届满时被保险人健在，则保险合同自然终止，保险公司不再承担保险责任，并且不退回保险费。

定期寿险的保险期短则 1 年，长则 10 年甚至 20 年。定期寿险属于消费型险种，保险公司仅承担合同规定期限内的保险责任，责任期满则合同自然终止，保费概不退还。

2.终身寿险

终身寿险是提供终身保障的保险，即如果被保险人在任何年龄身故或全残，那么保险公司将给付保险金。由于人必然会死亡，所以终身寿险必然会赔付。终身寿险的保费比定期寿险高，它兼有财富传承的作用。

如果被保险人的生存年龄超过合同中签订的年龄，那么保险公司则向其本人给付保险金，同时合同终止。

终身寿险属于储蓄型险种，一般以 100 岁为分界线，在被保险人百岁之前保险公司承担死亡保险责任，而在被保险人百岁之后，保险公司也需要按保险合同规定给付相应的生存保险金。双方也可以约定到一定年纪后（如被保险人到 60 岁后），保险公司每年返还被保险人定额的生存年金。换言之，不论生存或者死亡，被保险人都能拿到保险金。不过"羊毛出在羊身上"，如果被保险人想将来拿得多，现在所缴纳的保费就多。

（二）为何要买这两种保险

1.承担家庭责任

购买定期寿险的出发点，其实不是保障你自己，而是保障你的家人（父母、配偶和未成年子女）的生活不会受到严重影响。

2. 保障范围广

对于意外死亡、疾病死亡、自然死亡，甚至自杀（投保两年后），定期寿险都赔。

一般的免责条款有：投保两年内自杀、故意犯罪或抗拒依法采取的刑事强制措施、投保人对被保险人故意杀害、故意伤害。

3. 规避早逝带来的风险

数据显示，我国每两周就有近7万名20岁至50岁的人死亡。早逝就"潜伏"在我们身边。购买寿险是重要的保护家庭的方式。只要我们还没有实现财务自由，买寿险就是一个相当好的风险规避措施。

大部分"80后"的成年人都是家庭的"经济支柱"，如果其不幸身故，还贷款、供养孩子、赡养老人等问题都可以通过购买寿险解决。

4. 应该买终身寿险还是定期寿险

很多人都想通过买寿险来为家庭提供一份保障，但是他们往往会遇到"买定期寿险还是买终身寿险"的难题。

很多人都想要较长的保障期限，但是终身寿险的保费比定期寿险高很多。定期寿险虽然便宜一些，可是人们又担心保障期限不够长。下面，让我们一起分析一下这两种寿险。

（1）终身寿险

在相同保障额度下，终身寿险费率远高于定期寿险。但是，终身寿险的保障时间长，而且只要合同有效，保险金最终"一定会"给付。所以如果你有充裕的资金又追求终身保障，可以优先考虑终身寿险。

市场上的终身寿险有两种。一种是提供高杠杆的身价赔付的险种；一种类似于年金保险，其主要功能不再是高杠杆的保障，而是年金的支取。在此，我们想主要探讨作为高杠杆的终身寿险。总体来说，终身寿险主要作为资产传承的工具，用于高净值家庭最大化地实现代与代之间的资产传承和保全。

（2）定期寿险

定期寿险保费低，保额高。一般来说，60岁前发生死亡的概率不高，保险公司测算费率自然就低。消费者花很少的钱，就能获得很高的保障。

假如我们经济条件有限，该如何选择寿险？买寿险是为了防范由被保险人的死亡而导致的收入中断的风险。

一般情况下，人们在年轻时，收入较高，被保险人死亡将导致家庭收入锐减。

人们在年老时，收入小于支出，被保险人死亡在财务上不会对家庭造成太大的影响。因此，购买定期寿险以保障风险最大的这几十年的生活是我们在收入有限时投保的首选。

有些人还是会提出疑问："终身寿险保障期限长，且一定（除责任免除）能拿到保险金。如果我购买了定期寿险却在保障期限内没出险，那么我的钱不就'打水漂'了吗？"

虽然从表面上看，定期寿险存在这样的风险，但是把省下来的保费用于投资，若干年后我们所获得的现金价值不一定少于终身寿险。

另外，死亡导致的收入中断固然可怕，但高度残疾除了导致收入中断外，还会导致巨额支出。因此，投保人在选择定期寿险的时候，最好选择对死亡和全残均有保障的寿险。

终身寿险是以较高的经济支出来保障终身的意外或疾病身故风险，避免年老时出现"保费倒挂"甚至买不到保险的现象。购买终身寿险最终可为家人留下一笔较丰厚的遗产。购买定期寿险则能以较低的支出保证家庭的"经济支柱"倒下后不会给家庭带来太大的经济冲击（见表 1-2）。

表 1-2　定期寿险与终身寿险的比较

产品类型	定期寿险	终身寿险
适合人群	上有老、下有小，有房贷的工薪阶层	房产、积蓄都较多的人
主要作用	避免由家庭的"经济支柱"身故导致的家庭财务恶化甚至破产	财富传承
保障时间	只保障一段时间	终身受保

所以，对于该买定期寿险还是终身寿险的问题，我建议大家还是要根据自身的收入情况综合考虑。

（三）谁需要买

当今社会，大部分普通家庭都背负着很大的经济压力，包括房贷、子女教育支出、医疗支出和老人赡养等各方面的经济负担。在这种情况下，一旦家庭中承担主要经济责任的家庭成员发生不幸，那么整个家庭就会陷入困境。

寿险则可以让家庭的"防护墙"更牢固。寿险是最能体现爱与责任的保险种类，也是一种有温度的险种。

购买寿险是对家人负责，也是对家庭负责。那么，具体谁更需要购买寿险呢？

1. 家庭的"经济支柱"

这类人群一般正处中年，可谓"上有老、下有小"，他们一旦遭遇不测，家庭就会面临巨大的经济压力。如果他们购买了寿险，那么保险公司的赔偿金在一段时间内还能够保证其他家庭成员的正常生活开支。

2. 有房贷的人

主要房贷还款人选购寿险的保额要能覆盖贷款总额，这样当主要房贷还款人不幸身故，还可以用理赔的保险金偿还房贷，从而至少保住了家人的容身之所。

例如，郑先生贷款 100 万元买了房子，分 30 年还清。郑先生可以买一份定期寿险，保障 30 年，保险金 100 万元，这样不仅保费便宜，还能解决如果郑先生不幸身故就没人还房贷的问题。

3. 事业刚起步的年轻人

年轻人的工资还不高，可能还没有结婚，也没有太多储蓄，但是父母基本都 50 多岁了。这个时候正是父母赚钱能力下降、子女赚钱能力上升的时候，年轻人购买一份寿险可以为父母养老多提供一份保障。

以上三类情况是我们大部分人都会面临的，我建议大家购买定期寿险，保障到退休年龄，这样既保障了家庭的"经济支柱"的经济生命周期，又充分发挥了寿险的杠杆作用。

终身寿险保费较高，但是能"保障终身"，保障更全面，更加适合有较强保费负担能力、有遗产规划需求的人，如以下两类。

（1）上了年纪的富裕型人士：这类人群有一定的经济基础，并希望身故后给家人留下一笔经济保障。

（2）有稳定型投资需求的人士：目前有很多终身寿险附加了分红功能，除了保障身故的功能外，还有一定的投资功能。

（四）买多少保额

随着大家保险意识的增强，寿险越来越受到重视。寿险虽然也是一次性给付类保险，但与重疾险不同，它主要涉及身故或全残这两种极端情况。因此，这份保障对于一个人和一个家庭来说，是生命价值的最终体现。

既然寿险如此重要，那么对于一个家庭来说，到底需要购买多少保额的寿险呢？如果我们学会了测算保额，那么以后在选择寿险时也就更有把握。

一般来说，寿险更适合家庭的"经济支柱"、有房贷、车贷等银行债务的人。在此，我们从这些人的角度测算一下寿险保额。

1. 生命价值法

生命价值法是指用一个人的生命价值做依据考虑应该购买多少保险。我们可以通过以下三步计算一个人的生命价值。

①估算年平均收入。

②从收入中扣掉各种税费以及自己花掉的钱，剩余的留给家人。

③估算自己还能工作多久，用每年可留下的钱乘以未来工作时间，其结果就是这个人的生命价值。

例如，田先生今年30岁，假设他在退休前平均年收入是10万元，到60岁退休；其年收入保持不变，他自己花掉5万元，给家人5万元。那么，田先生的生命价值则是150［5×（60-30）］万元。也就是说，他至少应该购买150万元保额的寿险。

当然，这种计算方法是忽略了通货膨胀的一种简单算法。如果田先生是家中唯一的"经济支柱"，那么他还要考虑家庭未来的支出，例如，子女教育费用和父母赡养费用，以及房贷、车贷等。如果要考虑这些需求，就需要用遗属需求法来计算。

2. 遗属需求法

遗属需求法是假定家庭的"经济支柱"身故，计算事故发生后遗属生活所需总费用的方法。遗属所需的生活费、教育费、赡养费、对外负债、丧葬费等费用扣除投保人的现有资产，所得的"缺口"就是其需要投的保额。

应有保额＝（遗属一生需要花的钱－遗属一生赚的钱）＋剩余贷款－已有生息资产

遗属未来需要花的钱越多、剩余贷款越多，需要的保额就越高；已有生息资产越多，需要的保额就越低。

例如，田先生夫妻双方的家庭存款有 40 万元，理财投资 20 万元，无投资型房产或人寿保险等，双方父母不再工作，妻子年收入 8 万元，预计田先生到退休年龄还要再工作 25 年，妻子退休前总收入可以达到 200 万元，考虑到双方老人有退休金，不用额外赡养费用，未来 30 年的家庭固定支出为每年 15 万元，子女教育费用为 100 万元，房贷为 60 万元，没有其他负债，那么田先生应配置的寿险保额为 350（30×15+100-200+60-40-20）万元。

我们可以综合运用这两种测算方法，从而确保保额处于较为合理的范围内。以上这两种测算方式更适用于普通家庭，对于资产特别充沛的家庭来说，其参考价值并不高。

3.高净值人士保额计算法

对于年收入 100 万元以上的高净值人群，保额的测算方法为：

高净值人士保额 =（个人年收入－个人年支出）/4%（投资收益率）

例如，安迪的年收入为 200 万元，每年自己花费 50 万元，剩下的 150 万元是其给家庭创造的纯利润。如果想要确保这个家庭的"经济支柱"无论在不在，都能给家庭带来 150 万元的收入，那么就要正确估算保额。假如投资收益率是 4%，通过计算我们可知安迪需要投保 3750 万元才能保证每年都拿到 150 万元的收益（150÷4% = 3750），3750 万元就是这位高净值人士需要的保额。

对于预算有限的家庭来说，可以购买定期寿险，例如，本来打算买终身寿险的人可以选择定期寿险，保到 65 岁或 70 岁，这样保额才能买得更高。

（五）注意事项

1.全残保不保

身故、全残给付是指如果被保险人在保险的有效期内不幸身故或全残，保险公司将按照约定的金额理赔。所以在选择定期寿险时最好选包含身故和全残责任的产品，并根据自己的需求确定保额。

例如，薛某给自己买了一份定期寿险，保额为 100 万元，包含全残责任。他在一次事故中双目失明（属于全残），保险公司赔付他 100 万元。

2. 核保是否宽松

核保是否宽松是非常重要的。例如，有的定期寿险不接受乙肝"小三阳"患者，有的定期寿险不接受高危职业从业者。所以，我们一定要看清楚投保要求再买，尽量避免出现理赔纠纷，这样保险才能真正起到作用。

3. 免责条款

免责条款是指保险公司按法律规定或合同约定不承担保险责任的条款。其内容会在合同中以列举的方式规定，如犯罪、吸毒、先天性疾病、艾滋病、战争等。我们在投保前应通读一遍这些免责条款，知道在哪些情况下保险公司是不承担保险责任的。

4. 缴费期

一般情况下，缴费期越长越好。

例如，张三和李四都买了100万元保额的定期寿险，张三缴费20年，保30年；李四缴费30年，保30年。如果两个人在第20年的时候都身故了，此时张三已经把该缴的保费缴完了，而李四还没缴完，那么虽然李四缴的保费少，但是他也同样会得到100万元的赔款。

5. 等待期

定期寿险产品的等待期有90天、180天、1年、3年不等。一般而言，在其他条件完全相同的情况下，等待期短的产品价格略高。等待期的长短对投保人的影响不大，但是，在其他条件都差不多的情况下，等待期越短越好。

五、两全保险

（一）什么是两全保险

用通俗的话来说，两全保险是就一种"既保生又保死"的保险。也就是说，在保险合同规定的期限内，如果被保险人不幸去世，那么保险公司需要赔付死亡保险金。如果被保险人在保险合同期满时仍然生存，那么保险公司需要给付被保险人生存保险金。

例如，邵先生买了一份两全寿险，保额为50万元，保到65岁。如果邵先生在65之前身故，那么受益人领取死亡保险金；如果邵先生到65岁尚在，那么保险公司向邵先生本人支付保险金，邵先生可以用保险金养老。

（二）两全保险的种类

1. 普通两全保险

无论被保险人在保险有效期内死亡还是生存至保险期满，保险人都给付保险金。

2. 双倍两全保险

如果被保险人在保险期间届满时仍生存，那么保险人给付一倍的保险金；如果被保险人在保险有效期内死亡，那么保险人给付两倍的保险金。

3. 养老附加定期保险

如果被保险人在保险期间届满时生存，那么保险人给付一倍保险金额的保险金；如果被保险人在保险期间内死亡，那么保险人按照生存保险金的若干倍给付保险金。

例如，2018年，章先生为自己购买了一份两全人寿保险产品，保额为6万元。2019年，他在工作中意外被高压电击中导致昏迷，经抢救无效身故。因为章先生投保了两全人寿保险，所以章先生的家属报案后，很快就得到了12万元的保险赔付。

可能大家会产生疑问，为什么保额为6万元，最终保险公司却赔付了12万元？因为合同约定，若被保险人遭遇意外伤害事故而身故，保单受益人可获得两倍基本保险金额的意外身故保障金。从这个案例中可以看出，两全人寿保险不仅有储蓄作用，而且有保障作用，特别适合既想在保险期间内获得保障，又想在年老退休后取得一笔收入并以此养老的人。

4. 联合两全保险

联合两全保险是指由两人或两人以上联合投保的两全保险。在保险期限内，如果联合被保险人中的任何一人死亡，保险人给付全部保险金，保险即终止；如果联合被保险人中没有人死亡，保险期限届满时保险人也给付保险金，保险金由全体被保险人共同受领。

最后，我想提醒大家不要将两全人寿保险误认为银行存款而随意存取，因为银行存款只有储蓄功能却没有保障功能，而未到期退保可能给投保人带来损失。

（三）定期寿险、终身寿险与两全保险的区别

下面，我们通过一个例子探讨定期寿险、两全保险和终身寿险三者的区别。

假设 30 岁的张先生购买了定期寿险、终身寿险和两全保险（见图 1-3）。

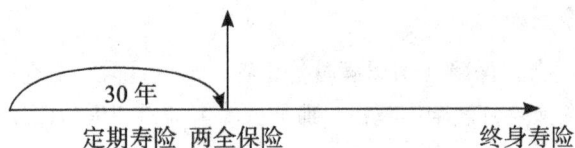

图 1-3　定期寿险、终身寿险和两全保险

1. 保险责任的差异

（1）30 年之内没有区别，保险公司都会赔付 100 万元。

（2）30 年之后有区别

定期寿险：30 年以后，如果没有发生赔付，定期寿险的保障责任就终止了，保险公司不会返还保费。

两全保险：如果在 30 年内没有发生死亡或全残的责任事故，在张先生 60 岁的时候，保险公司会支付生存保险金，同时保险合同终止。

终身寿险：到被保险人终老为止持续提供保障，赔付额度为 100 万元。

2. 保费的差异

用通俗的话来讲，两全保险就是"存钱买一段时间的平安"。实际上，目前两全保险经常与其他需要返还的险种搭配，例如和驾乘意外险或者会返还保费的重大疾病保险搭配以实现保费返还的功能。

定期寿险属于纯粹的消费型险种，即投保人只有在保险期间内发生保险事故，保险公司才赔钱；如果超过保险期间，保险公司则不赔钱。通俗地说，就是"花钱买一段时间内的平安"。定期寿险保费低，杠杆高，是所有家庭都应该配置的基础险种之一。

终身寿险则是"花钱买一辈子的平安"，保险公司最终将支付保费。

六、年金保险

可能很多人只知道基本养老保险，也有一些人认为老年人只要有基本养老保险的保障就够了，其实不然。为了我们能够拥有更加美好的晚年生活，购买一份年金保险是非常有必要的。

（一）什么是年金保险

年金保险是指投保人或被保险人一次或按期缴纳保险费，保险人以被保险人生存为条件，按年、半年、季或月给付保险金，直至被保险人死亡或保险合同期满。它是人寿保险的一种，可以用来保障被保险人在年老或丧失劳动能力时能获得经济收益，能有效地满足被保险人的养老需要。

（二）年金保险有哪些种类

年金保险按给付保险金的限期不同可分为以下三种。

1.终身年金保险

终身年金保险保到终身，被保险人只要活着就能一直领取生存年金，保障时间比定期年金长，价格也比定期年金高一些。

终身年金保险又分为普通终身年金保险、期间保底终身年金保险、金额保底终身年金保险。

（1）普通终身年金保险

只要被保险人生存就可以领取年金，而如果被保险人死亡就不能再领取了。

为了解决因被保险人过早死亡而领取年金总额不足的问题，一些保险公司又推出了保底型年金保险产品。

（2）期间保底终身年金保险

此类年金保险能够保证给付期间不少于约定期间。如果被保险人在约定期间还没结束就死亡了，那么剩余给付由被保险人的受益人继续领取直到约定期间结束；如果约定期间结束后被保险人依然生存，那么被保险人将一直领取给付直到死亡为止。此类产品保费比普通终身年金保险高一些。

例如，投保人买了一份从60岁开始每年年初支付的保底终身年金保险，约定10年付完。保险公司承诺至少给付10年的年金，不论被保险人生存与否。

如果被保险人在 65 岁死亡（被保险人已经领取了 6 年的年金），则保险公司将向保单受益人继续支付后 4 年的年金，直至支付满 10 年为止。如果被保险人活过 70 岁（被保险人已经领取了 10 年的年金），则保险公司依据被保险人生存与否决定是否继续给付。只要被保险人继续生存，保险公司将继续给付，没有期限限制；如果被保险人死亡，保险公司则停止给付。

（3）金额保底终身年金保险

与期间保底终身年金保险类似，金额保底终身年金保险从给付总金额中提供保底。保底总金额越高，保费越高。

〔案例 1〕

有一份趸交保费 10 万元、从 60 岁开始支付的金额保底终身年金保单（约定给付的年金总和至少等于购买价格，即 10 万元）。

如果在被保险人死亡时保险公司只支付了 6 万元，那么保险公司将向保单受益人继续支付余下的 4 万元；如果保险公司支付的年金总和已经达到或超过 10 万元，那么保险公司将依据被保险人生存与否决定是否继续给付。只要被保险人继续生存，保险公司将继续给付，没有期限限制；如果被保险人死亡，则保险公司停止给付。

〔案例 2〕

高先生现年 55 岁，用趸交保费购买了一个 10 年延期金额保底终身年金保险，保费为 20 万元，每年给付金额为 2 万元。假设高先生在不同的年龄死亡（60 岁、70 岁、80 岁），那么保险公司的给付金额分别是多少？

该保单是一份延期金额保底终身年金保险，高先生应在满 65 岁时开始领取年金，假定有以下几种情况。

● 高先生在 60 岁时死亡

60 岁时，高先生还无法领取年金，保险公司可以依照"保单现金价值""所缴保险费（不计利息）与现金价值数额较高的""合同约定的其他方式"等规定给付身故保险金，同时本合同终止。

- 高先生在 70 岁时死亡

  高先生从 65 岁开始领取年金，他在 70 岁时已领取 10 万元（不足 20 万元），受益人可再领 10 万元。

- 高先生在 80 岁时死亡

  高先生从 65 岁开始领取年金，他在 80 岁时已领取 30 万元（超过 20 万元），保险公司停止给付。

2. 定期年金保险

定期年金一般用于规划子女教育金，例如，家长从孩子年幼时开始投保定期年金，等孩子上高中、大学时领取教育金为孩子缴纳学费、教育费等，到合同满期时孩子刚好成家立业，此时的满期金可作为孩子的创业金、婚嫁金等。定期年金比终身年金更适合于规划教育金，也比终身年金便宜，但是保障期限比较短。

3. 联合年金保险

以两人或两人以上的家庭成员为保险对象，投保人或被保险人交付保险费后，保险人以被保险人共同生存为条件给付保险金，若其中一人死亡，保险终止。另外，还有一种为联合最后生存年金保险，即只有当被保险人全部死亡时，保险才终止。

（三）为何要买年金保险

1. 强制储蓄

我有一个客户，他每年给孩子存 5 万元，相当于一个月存 4 000 多元。

很多人的收入是不断提高的，但是最后却没有存下多少钱，我觉得消费习惯对家庭储蓄有很大影响。我身边有很多人发现自从买了保险，确实能存下一笔钱，也不用担心利率浮动的问题。

2. 给孩子留一笔钱

有些人考虑如果自己从现在开始就给孩子存钱，等到孩子成年时已经缴费期满，那么这笔财富将永远属于孩子。我身边有一位律师，她每天都要面对各种各样的婚姻纠纷，她说如果自己的孩子未来过得幸福，那是最好的，但是如果孩子遇到婚姻问题，也希望孩子活得潇洒一些，所以她提前给孩子存了一份年金保险。这笔钱不会涉及分割，算作给孩子单独规划的一笔婚前财产。

3. 进行个人的养老规划和孩子的教育规划

〔案例〕

王女士，38 岁，她想从现在开始就给刚出生的孩子买一份保险，从而有能力让孩子接受良好的教育。如果她每年存 15 万元，存 10 年，那么孩子将在其 18 岁时领取 60 万元，19 岁时领取 60 万元，20 岁时领取 60 万元，21 岁时一次性领取剩下的 70 多万元，并将此作为教育金。如果到时候孩子并没有花这笔钱，那么王女士就可以用这笔钱解决自己的养老问题，这也是一个不错的选择。

4. 锁定终身的结算利率

有的年金保险可以锁定终身结算利率，银行利率不稳定，而保险的优势在于如果现在投保，那么终身的结算利率就被锁定了，即便未来银行利率下降，你的保单的利率也不会受任何影响。

（四）如何选择年金保险

我们在选择年金保险时应该遵循以下原则。

1. 组合原则

在一定程度上，年金保险能为老年人提供一定的生活保障，但是老年人容易有较大的医疗支出，而仅有年金保险是远远不够的。因此，我们在购买年金保险时一定要搭配一些意外、医疗保险，才能真正抵御风险。

2. 综合比较原则

年金保险的有效期长达几十年，如果通货膨胀率走高，那么投保人拿到的年金就会贬值。目前市场上的年金产品多为定额给付型，即在投保人投保时就已确定其未来每年可领取的年金额度。有的产品在保证资金安全增值的同时，以分红的形式不断增加年金领取额度，而且不设上限。这样可以充分抵御通货膨胀的风险，当然，这类产品的保费也会高一些。

3. 及早购买原则

现在很多人都等到将近退休的年龄才开始考虑购买保险，但保费与投保年龄是成正比的，如果人们那时购买保险就需要支出相当多的费用，会给生活带来较大的负担。因此越早购买，负担越小。

（五）关于年金保险的四大认知误区

购买年金保险，是父母在生前赠予财产给子女的一种重要方式，因此投保人往往是父母，被保险人是子女。

父母爱子女但又怕子女挥霍，所以不敢一次性把钱都给子女，他们通过年金保险，把钱分批给子女。

我相信有不少人都看到过关于可以通过购买保险避债或合理进行税务规划的文章，或者听说过此类事情。那么，在什么情况下我们可以通过购买保险避债或合理进行税务规划呢？

总体而言，只有人身属性强的保险才具备这两种功能。那么，何为人身属性强呢？简单地说，就是只有以人的身体健康或者生命为理赔条件的保险才是人身属性强的保险。而以生存为受益条件的年金险或者其他理财类保险，是不具备这种功能的。当然不管什么保险，如果资金来源不合法或者侵害他人权益，该保单随时可能被法院冻结、查封或宣布无效。接下来，我们谈一谈关于年金保险的四大认知误区。

误区一：年金保险可以避债

我们先来说一说保险的避债功能。有的朋友认为只要买了保险，以后万一发生债务纠纷就不会被法院用于抵债；或者发生债务纠纷后，把钱用于买保险，即使债主要债，法院也不会强制解除保险。其实，事情并没有那么简单。一般的年金保险规定被保险人到了一定的年纪就可以领取保险金。随着金融产品的迭代，有些产品附加了万能账户。万能账户归属于投保人，投保人为了避免被保险人领到钱后挥霍浪费，要求保险公司把基于被保险人的生命延展产生的每年的生存保险金汇到万能账户里，同时基于万能账户复利生息的特性，部分投保人还可以追加一部分的投资理财产品。

并不是买了年金保险就可以自动避债。2015 年，浙江省高级人民法院发布了一则关于人寿保险可以被强制执行的通知。通知中提到了当投保人、被保险人或受益人欠债不还成为法院的被执行人时，其就会面临着将人寿保险作为责任财产被执行的风险。投保人、被保险人或受益人都可能是债务人，所以首先要确定谁是债务人，年金保险相关资金应该属于谁，弄清楚了之后才能知道到底需不需要被执行。因此，我们在配置年金保险的时候，需要注意以下三个问题。

（1）如果投保人配置了年金保险，被保险人每年并没有领取年金收益，所有年金收益都按照投保人的要求放入了自己控制的万能账户当中，那么这个部分该如何认定？

在这样一个保险模型下，被保险人并没有领到任何财产，所有财产都在投保人万能账户名下，所以从这个角度来看，被保险人不存在被执行的情况。所以，此时只要投保人不欠债，这份保单就是安全的，不会涉及任何执行问题。

（2）如果投保人设置了年金保险，没有加万能账户，被保险人已经基于保险合同开始领取生存保险金了，那么在此情况下，当被保险人没有债务而投保人出现债务的时候，投保人可不可以被法院要求强制退保呢？

毫无疑问，当然是可以的。因为此时债务是投保人的，投保人是保单的财产所有权人、现金价值的持有人，从这个角度上讲，人寿保险对于投保人来说是一份责任财产。但是，被保险人已经领取的生存保险金并不在这份保单需要被强制执行的范围内。

（3）如果投保人在万能账户上追加了基于高收益产生的投资理财产品，那么，这个部分并不涉及任何投保人、被保险人的保单财产问题，其本质就是一份投资理财的账户收益。因此，如果投保人产生债务，投资理财的本金和利息就一定会被执行。

"避债"的本质是将属于自己的财产变成可控制的非己财产，在保单的结构设计上，对于负债可能性高的人，如企业主，可以让其做被保险人，而让其父母做投保人。通常情况下，婚后债务为夫妻共同债务，当保险合同中指定受益人为配偶时，保险的债务隔离功能受限，因此，宜将子女或父母作为受益人。

〔案例〕

王先生是企业的实际控股人，企业经营需要经常贷款，在贷款时，银行让王先生的妻子做连带担保人，如果企业经营失败，就会直接威胁王先生及其家人的利益。王先生的父母健在，均60多岁，为工薪阶层。王先生有一子，5岁，王先生的企业净资产约为2亿元，家庭净资产超过5 000万元。王先生经营的企业负债可能性极高，王太太为其连带担保人。所以，无论是王先生还是王太太，都不适合被设计为保险合同里的投保人。投保人是保单现金价值的持有者，而遇到债务风险时，法院有可能要求夫妻二人对保单进行退保并偿还债务。那么，在这种情况下该如何设计保单？

设计思路：保单代持，即王先生赠予其父或母一笔资产，由父母用王先生的钱为他投保。王先生的父母均为普通工薪阶层，负债可能性极低。具体构成如下。

- 投保人：王先生的父亲
- 被保险人：王先生
- 生存受益人：王先生
- 死亡受益人：王先生的儿子

这样，如果企业经营发生风险，保单相关利益会被保全；若王先生不幸去世，受益人是其子，理赔款同样会得到保全，从而能为孩子的成长提供保障。

若进行保险法律关系设计，还需明确以下事项，才能更完善地进行债务隔离。

①赠予父母购买代持保险的金额不宜超过企业和家庭净资产。

②购买大额年金险时，尽量选短期缴费，最好是趸交，减少现金在父母账上滞留的时间，防止购买保险的钱作为他用。

③必须申明，该笔资金是单独赠予父/母的，并应签订赠予协议，要求该笔资金必须全部购买设计好的保险方案，未经王先生的同意，投保人不能退保或领取部分保单贷款，否则赠予无效；退保所得现金价值、部分领取和保单贷款所得财产，必须全部返还王先生。

④当投保人死亡时，投保人的相关权益和现金价值都应作为投保人的遗产被继承，如果王先生有兄弟姐妹，则保单的现金价值就面临被兄弟姐妹一起法定继承的问题，所以在签订赠予协议后，还应订立公证遗嘱：当投保人去世后，保单全部权益的1%归王先生所有，99%遗赠给其子，保单持有人变成王先生。这样做规避了多人继承保单的问题，即便之后发生债务风险，王先生也只需偿还保单现金价值1%的金额，同时避免了其子挥霍退保金的问题。

误区二：年金保险可以"离婚不分"

首先，要判断财产是不是夫妻共同所得，如果是夫妻共同财产，夫妻离婚后就会被分割；如果不是就不能分。高净值人士在面对此类问题时应明确，保护自己财产最有效的方式是进行夫妻财产约定。

夫妻财产约定分为三种不同类型：婚前财产约定、夫妻婚内财产约定、离婚协议。

很多高净值人士书写的婚内财产约定在很多情况下都是不太合适的。

事实上，我国已经充分讨论了年金保险：只要确定了财产所有人是投保人，而投保人又在婚内的状态下，年金保险就是可以进行分割的；只要是用夫妻共同财产购买的年金保险就会被分割，除非夫妻双方有婚内财产约定或者离婚协议的专属约定。

另外，父母作为投保人给孩子买了年金保险，孩子领取了年金收益，当孩子进入婚姻状态后，这笔钱该如何分配？这里涉及两个重要问题。

（1）投保人在配置保险时，被保险人领取年金保险的初期在婚前，此时领取到的生存保险金不是夫妻共同财产，当然不用分割。

（2）父母在孩子婚前配置了年金保险，孩子在领取了部分生存保险金之后结婚了，在婚内领取的生存保险金宜认定为婚内财产。我们只有附加单方赠予协议，才能明确这份保险的财产所有权，从而不给被保险人的配偶，达到专属一方的效果。尽管被保险人婚内的生存保险金会被认定为婚内财产，但投保人单方赠予的保单资产和现金价值却是一方专属的财产。受益人领取被保险人身故所产生的保险金属于一方财产。

误区三：年金保险可以帮助我们进行遗产税规划

年金保险其实不涉及遗产税的问题。遗产税是一种基于财产是否变为遗产或者是否形成遗产属性，从而就这部分财产开征的一种特殊税种。人寿保险常常和遗产税有密不可分的关系。我国虽然未开征遗产税，但是在《中华人民共和国遗产税暂行条例（草案）》第五条中，专门把保险类资产的其中一种情况作为不计入遗产税应税总额的一种资产，也就是人寿保险所被继承的保险金不计入遗产税征收的范围。征收遗产税要基于身故，而年金险的投保人通常是第一代，被保险人是第二代。在这个过程中，被保险人是靠着生命延展来领取生存保险金的，所以，年金保险肯定不涉及遗产税的问题。

我国的个人所得税申报制度正在不断完善当中，但目前保险公司是不会代扣、代缴被保险人的个人所得税的。

误区四：过分考虑收益

很多客户在选择年金时都会关注年金产品的收益，考虑购买年金险是否比定期存款或购买国债合适。

首先，我们要明确一点，即相比其他类资产，年金保险的收益并不高。所以，对于高净值客户群体来说，年金保险对其资产保全和有效传承的作用更为突出。许多高净值人士不会纠结保险的收益，他们更加关注婚姻问题、财富传承问题、企业资产隔离问题以及是否需要专属的保全类资产的问题。

对于普通人来说，年金保险会给我们提供稳定的现金流，保障我们拥有更加稳定的晚年生活。除此之外，年金保险更是一种保全类资产，体现了传承的控制性、变现的主动性以及定向私密性。其更多的核心价值体现在定向传承和正向激励两个方面。

（1）定向传承

年金保险的本质是为未来"年金保险＋单方赠予协议"所做出的一种核心的安排和配置。年金保险的优势有以下几点。第一，任何保险都要通过保险公司才能完成承保，保险公司会保留全过程的音像视频，从而充分地证明投保人的意愿是明确的，意志是清醒的。第二，变更投保人的声明需要保险公司重新审核，通过这种方式，投保人将得到保险公司的有效见证及合规性审查。

当然，年金保险的更大优势在于可以加上生存金信托。当投保人担心被保险人挥霍财产或发生婚变等问题时，可以通过信托计划加以控制，从而进行定向传承。

（2）正向激励

投保人可以通过购买年金保险激励子女创业，在子女的不同人生阶段为其准备一笔专属财富。同时，被保险人可以提前计划如何使用这笔钱，为创业做好积极的准备。其实，父母通过这种方式激励子女进步，才是他们购买年金保险的真正目的。

〔案例〕

慕容先生希望为孩子准备创业基金，因此他为两个儿子分别购买了一份年金保险。保险合同明确规定，其子只有在创业并拿到了营业执照后才能领取生存保险金。慕容先生通过这种方式激励两个儿子积极创业。同时，保险合同还规定，在儿子们结婚后，投保人还可以赠送他们一笔钱，由他们为妻子购买年金险，这样儿媳就可以每年拿到一笔长久的、稳定的保险金。

保险公司在设计保单时，一般采取以下两种形式。

①投保人为父母，被保险人为子女，受益人为父母。如此设计保单有两个目的：一是防止子女挥霍；二是一旦子女身故，这笔钱则可以回流到父母处。

②投保人为父母，被保险人为子女，受益人为孙子女。这笔钱一般被定义为婚嫁金或离婚补偿金，即便子女身故，孙子女也会得到一笔保障。

七、固定增额终身寿险

（一）什么是固定增额终身寿险

年金险等理财类保险不具有人身属性，因此不具有避债及税务规划功能，安全性不高。而人身属性强的保险产品属于保障类保险，有保障功能而没有理财功能，或者其理财功能不明显，收益非常低。那么，有没有一款保险既有避债及税务规划功能，又有理财功能呢？当然有，它就是固定增额终身寿险。

固定增额终身寿险是一款终身寿险，是以生命的终止为理赔条件的保险，其人身属性不言而喻。只要投保人购买保险的资金来源合法，没有侵害他人权益，除了投保人以外，就没有任何人可以解除合同，直至投保人身故，受益人获得理赔金。

固定增额是指这份保险的保额是按照某个约定数值复利增值的。保险合同成立之初，其保额并不大，但经过若干年后复利增值，其保额将变得非常大。也就是说，购买这份保单的人生存得越久，保额越高。

传统的终身寿险赔付固定保额，在前期发生风险时保险公司要赔一大笔钱。因为不管投保人何时身故，赔付额度都一样，所以随着逐年累计缴纳保费，投产比（杠杆比）就会降低。

固定增额终身寿险放弃了传统寿险的高额保障作用，突出了现金价值，让钱以最快的速度增值，通过时间和复利不断提升投入产出比。传统终身寿险与固定增额终身寿险的比较如图1-4所示。

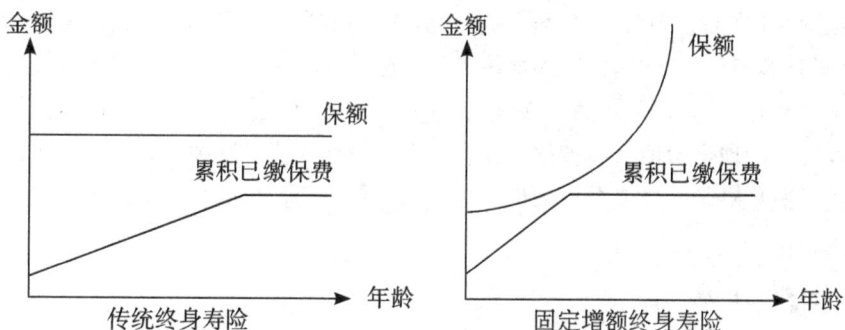

图1-4　传统终身寿险与固定增额终身寿险的比较

（二）固定增额终身寿险和年金险的区别

固定增额终身寿险和年金险都具有理财增值的功能，都可以用来养老，但二者还是有区别的，它们的区别之处主要体现在以下四个方面。

1.避债与合理进行税务规划

年金险是以人的生存为给付条件，不具有人身属性，也就是它不是以人的身体出状况（意外/疾病）或者身故为理赔条件的，因此，年金险不具备避债功能。而固定增额终身寿险，其唯一的理赔条件就是被保险人身故。受益人只要不是共同债务人，就可以获得理赔金。如果在被保险人生存期间发生债务，这类保险也不能被法院强制执行（发生债务纠纷前必须已经缴清保费）。因此，其避债功能是无可争议的。对于有大量现金的高净值客户来说，如果其购买了一份固定增额终身寿险，那么即使未来经营不善，发生债务纠纷或者破产，也可以凭着这份保单确保家人的物质生活甚至再次创业。

按照《中华人民共和国遗产税暂行条例（草案）》规定，指定了受益人的保险理赔金不属于遗产，因此，将来即使国家开始征收遗产税，其也具有税务规划功能。此外，投保人领取现金价值时也不会被征收任何个人所得税。

2. 锁定收益

年金险万能账户的收益是浮动的。各家公司的年金险都有保底利率，有的公司的年收益率是1.75%，有的是2%，也有的是4.025%。就像银行利息改革一样，保险业也把权限下放到保险公司，所以各家公司的收益率有所不同。然而，一些保底利率为4.025%的产品会陆续离开我们。目前大多数浮动利率可以达到5%左右，但是未来是多少，没有人能预测。长期来看，形势并不乐观。"且买且珍惜"，在此我也恭喜那些买了年金保险的客户，可以说买了保底利率为4.025%的年金保险产品的人确实"赚到了"。而固定增额终身寿险，其保额以及对应的现金价值都会被记录在合同上。投保人通过这种方式锁定了自己的收益，况且对于高净值客户来说，在资产的保护与传承的过程中，安全稳定才是第一位。

3. 财富传承

有大量的资金，并且收入一直稳定的高净值客户最关心的事是如何将财产准确地传承给孩子。他们如果早早地将财产转到孩子名下，他们又担心孩子挥霍财产，同时也担心未来孩子发生婚变，财产会被分割。如果你为自己投保，受益人指定为孩子，那么你可以做到生前完全掌控这笔财产，身故将保额理赔给指定的孩子。理赔金既不是遗产，又不是孩子与其配偶的共同财产（即使婚变也不会被分割，其前提是该笔资金没有被混同）。而且在投保人身故时，保额已经经过了若干年的复利而增值，投保人完全可以通过这种方式实现财富的准确传承。当然，你也可以通过年金险（有可能要交遗产税）、遗嘱和家庭信托实现财富的传承。但是，总体而言，购买固定增额终身寿险这种方法比较简单和安全。

4. 现金价值贷款

此类产品的现金价值非常高，如果投保人一次性缴费，也就是趸交保费，一般到第二年时，现金价值就超过了所缴保费，这是此类产品优于年金险的地方。万一投保人需要继续用钱，通过保单贷款可以贷到现金价值的80%。目前，保单贷款利息较低，年化收益率约为5%。而且，贷款并不影响保额的复利增值和现金价值本身的对应增值，保额依然复利增长，现金价值也依然对应增长。这样，既实现了资金的隔离保护，又不影响资金的流动。

5. 保额增购

众所周知，投保人购买相同的保额，其保费会随着被保险人年龄的增长而提高。而有的固定增额终身寿险规定投保人在缴费期间，合同生效两年后结婚或生子或每满五年，可以以第一次投保时的年龄增加购买保额（以合同保额的20%为限），增购保额的保费按第一次投保时的保费算。当然年金险的万能账户也可以追加资金，可大部分公司对于万能账户的追加资金是有额度限制的，而且利率是浮动的。

6. 灵活支取

这类产品一般都有减保取现功能。减保取现就像从银行里取钱一样，是指投保人可以从保险公司取出部分现金价值，而对应的保额则会相应降低。有的增额终身寿险产品的减保取现额度可以灵活调控，可以是100元以上的任何数值。调整减保取现额度不收取任何费用。有的人可能会感慨："这简直不是终身寿险，而是有固定收益的理财险。"但它确实是以生命的结束作为理赔条件的终身寿险。此外，固定增额终身寿险取现也很方便。投保人在取得保险公司相关授权后，用手机操作一下，钱就到账了。

7. 减额缴清

减额缴清是指投保人购买这款保险时选择了多年缴费方式，如果他在后期由于自身经济条件发生变化，没有能力再缴费，那么他可以申请减额缴清。用通俗的话来说，就是"我就交这么多钱了，把它换算成对应的保额是多少？以后就按换算后的保额以及对应的现金价值复利增值。"这是一种非常人性化的操作。

8. 类信托功能

类信托就是指类似于家族信托。下面，我们举例说明一下类信托功能。

〔案例〕

张总 70 岁了，身体很好，他想把财产传给后人，可是张总的儿子不争气，挥霍无度。张总非常赏识孙子，于是张总为自己投保了固定增额终身寿险，将受益人指定为孙子。可是他又担心万一哪天自己去世了，孙子还没有成年，他的儿子会"挪用"他给孙子的钱。为了解决这个问题，张总和保险公司签协议，约定孙子从某个年龄段开始按比例或者全额领取该笔理赔金。在此期间，由保险公司保管该理赔金，并按银行一年期定期存款利率支付利息。这样，张总就可以将财产顺利传承给孙子。目前，已经有很多保险公司的产品都有类信托功能。

9.年金转换

有的固定增额终身寿险规定在被保险人年满 60 周岁且保单满 10 年后，投保人可以将部分或者全部现金价值转换为年金险。这种操作主要适用于未来年金险收益一直居高不下的情况，不过这种可能性比较小。当然，投保人一旦将固定增额终身寿险转换为年金保险，就可能面临不能避债的问题。

综上可知，固定增额终身寿险是一款可以实现合法资金隔离，可用于财富准确传承又兼具年金险功能的终身寿险。

八、新型寿险：分红险、万能险和投连险

和传统寿险不同，带投资性质的新型人寿保险重收益、轻保障。有些保险公司推出的产品几乎完全没有保障，而且投保人如果提前退保就会有经济损失。如果我们在不知情的情况下购买了风险比较大的投连险，那么我们有可能连本金都损失掉。

当然，并不是说新型人寿保险是在欺骗消费者。然而，消费者很有可能在没有完全了解产品形态和风险程度的情况下投保，从而造成经济损失。因此，我们有必要了解一下这种比较复杂的产品形态。

首先，我们来比较一下普通人寿保险和新型人寿保险（见图 1-5）。

普通人寿保险	定期寿险
	终身寿险
	两全寿险
	年金保险
新型人寿保险	分红险
	万能险
	投连险

图 1-5 普通人寿保险与新型人寿保险的比较

（一）定义

分红险是指保险公司将其实际经营成果优于定价假设的盈余，按一定比例向保单持有人进行分配的人寿保险产品。实质上，分红险仍属于传统固定预定利率的寿险产品，只是比传统寿险多了分红功能。

万能险是指包含保障功能并设有单独投资账户的寿险。其优势在于投保人在投保后可根据人生不同阶段的保障需求和财务状况，不定期地自主增加或减少保额、调整保费多寡、改变缴费期限。

保险公司还会给万能险提供诸多附加险，增添健康和意外伤害保障，并由投保人自由选择。此外，万能险可通过改变保障账户和投资账户资金比例，使其功能更偏重保障或更偏重投资。投资账户的比例越高，保障性就越弱，收益性越强，投资风险也越大。

投连险的全称为投资连结保险，是指包含保险保障功能并至少在一个投资账户拥有一定资产价值的人身保险产品。投资风险完全由投保人承担，投资连结保险产品的保单现金价值直接与独立账户资产投资业绩相关，所以没有最低收益保证。

（二）分设账户

分红险不设单独的投资账户，分红险的保障和分红账户是混合的。

万能险设有保障账户和一个单独的投资账户。

投连险也是采取保障账户和投资账户分离的形式，并设有几个不同的投资账户。投保人在可能享有较高回报的同时也要承担一定的风险。其投资账户的形式有激进型、稳健性和保守型。

（三）投资渠道及投资比例

按照目前我国银保监会的规定，分红险的主要投资渠道有以下几个。

- 银行大额长期协议存款
- 国债、3A 级以上信誉企业债券
- 国家金融债券
- 同行业拆借
- 证券一级市场
- 证券二级市场
- 直接或间接投资国家基础设施建设

万能险设立的投资账户，除了可以做债券投资以外，其投资股票二级市场的比例不能超过 80%。

投连险设立的投资账户，除了可以做债券投资以外，其投资股票二级市场的比例可以为 100%。

（四）利润来源

分红险的红利主要来自三个方面：费差益、死差益和利差益。此外，红利还受退保差益等因素的影响。虽然其保障部分的资金预定利率为 2%~2.5%，但允许保险公司每年向投资者派发可浮动的"红利"。而投连险和万能险的利润来源则为投资账户的投资收益。

（五）投资风险性

投连险的投资风险完全由客户自己承担。虽然保险公司有投资专家运作以尽量降低风险，但万一血本无归，保险公司是不用负责的，一切后果都由客户自行承担。所以，对投保人来说，投连险的风险性较高。

万能险一般都会有一个最短持有时间。保险公司会在缴费初期扣除初始费用、账户管理费用、风险保额以及提前领取的手续费等。投保人如果提前领取或退保，只要保单内现金价值少于所交保费，就会有经济损失。如果未来几年内一直持有，投保人是有保底收益的。所以万能险的投资收益与风险由保险公司与客户共同承担，风险性较小。

银保监会规定保险公司应至少将分红保险业务当年度可分配余额的70%分配给客户。分红的额度因不同保险公司的投资渠道、投资规模、运营水平的不同而不同，从这一点来讲，分红险的投资风险由保险公司与客户共同承担。

（六）缴费灵活度

分红险的缴费时间及金额是固定的，保障的保额不可调整（但投保人可退保或者减保，并获得相应的现金价值）。

万能险与投连险都有缴费灵活、保额可调整的特点。万能寿险的投保人在支付了初期最低保费之后，只要保单投资账户足够支付保单费用，客户甚至可以暂停保费支付。

（七）透明度

保险公司一般不会将分红险资金的运作情况向客户说明，而只在每个保险合同周年日（如2018年1月11日签保单，首个保单周年日就是2019年1月11日）以书面形式告知保单持有人该保单的红利金额。万能险则会在每月或者每季度由保险公司向客户公布投资收益率。

投连险的透明度较高，各项费用的收取比例被分项列明，保费的结构、用途、价格均需一一列出。保险公司每月向客户公布投资单位价格，客户每年还会收到年度报告。

（八）保障功能

分红险一般采用恒定费率（缴费时间及金额固定），保证自动连续续保，最长可以保障终身，在发生保险责任理赔后，保险合同终止。

投连险和万能险在保障方面采用自然费率（年龄越大，缴费越多），投保人在45岁以后其保障费率提高，并且不能保证连续自动续保。当发生保险责任理赔后，对应该项的保险责任既行终止，同时投资账户金额将等额减少。

（九）适宜人群

分红险的表现形式通常为"保障＋分红"，适合风险承受能力低，有稳健、长期理财需求，并且希望获得长期连续保障的人。

万能寿险适合需求弹性较大，风险承受能力较低，以投资理财为主要目标的投保人。

投资连接保险则适合收入水平较高，希望以投资为主、保障为辅，追求资金高收益并具有较高风险承受能力的激进型投保人。

新型人寿保险一般重投资、轻保障。大家在做选择的时候一定要充分考虑自身的经济状况和投资风险。

九、教育金保险

教育问题是所有家长都关心的问题。大多数人一旦有了孩子，就会把子女的教育作为家庭资产配置的重心，那么教育金保险规划就显得尤为重要。

教育关系着孩子的未来，作为家长，我们不仅关心孩子的健康，而且关心孩子的教育。然而，现在养育孩子的成本非常高，而教育成本则占了大部分。很多家长想通过购买教育金保险以保证孩子将来的教育费用，缓解经济压力。那么，此类教育金保险到底如何呢？

从本质上看，教育金保险属于一种年金险产品，也就是说如果家长提前存入一笔保费，那么在孩子未来的特定教育阶段他们可以将这些钱取出来用。买教育金保险就相当于在银行存了一笔资金，由于中途退保代价较高，家长一般不会随意挪用这笔资金。家长可以根据自己对孩子未来的教育规划或者预期，灵活地选择教育金的领取时间和金额。可以说，家长只要为孩子购买了教育金保险，孩子将来的教育费用就有了保障。

（一）教育金保险的分类

根据保障期限的不同，教育金保险一般被分为以下几类。

1.终身型教育金保险

在孩子小的时候家长可以将此用作教育金，孩子到年老之后就可以将此转换成养老金，保险公司会定期返还。

2.非终身型教育金保险

真正属于"专款专用"的教育金保险产品。保险公司一般会在孩子进入高中、大学或大学毕业后返还费用，以保证孩子在每一个重要阶段都能获得一笔稳定的资金支持。

（二）购买教育金保险的注意事项

1. 提前规划

和其他的消费不同，教育周期长达一二十年，教育支出是家长必须持续不断承担的。通常情况下，家长不愿意因为资金不足而影响孩子上学。因此，我们需要在现阶段就做好准备，未雨绸缪，让手头上的资金通过稳健、合理的方式实现保值增值，以免在孩子继续深造阶段，难以承受骤然增加的教育支出压力。

同时也要注意，教育金保险对孩子的年龄有限制，一般来说，孩子超过十一二岁就很难投保教育金保险了，为孩子购买教育金保险要趁早。

2. 选择高性价比的产品

家长在投保时最好通过比较选出高性价比的教育金保险。我们现在投入保费，将来要稳定地领取更多的教育金才行。我们要清楚，我们购买教育金的目的不是获取短期的高额回报，而是转移风险，以保证孩子将来能获得充足的教育费用，实现教育资金保值增值。

3. 尽量选择有保费豁免功能的产品

很多教育金产品都有或可以附加保费豁免功能。万一投保人不幸发生意外或罹患疾病而无力承担保费，投保人就可以申请豁免后续未交保费。

4. 兼顾保障功能

我们在给孩子买教育金保险时，不能仅仅关注能领多少教育金，还需要在主险的基础上，附加一些健康保障（如意外、医疗、重疾保障等）。这样对孩子的保障会更加全面。

购买教育金保险还需要注意流动性风险，不要中途退保。因为教育金保险具有强制储蓄功能，是"专款专用"的，投保人需要按合同约定定期缴纳保费，中途退保会有一定损失。所以，购买教育金保险要有长期投入的心理准备。

（三）家长为孩子购买教育金保险是否划算

教育金保险作为一个为孩子准备教育基金的险种，具有保险和储蓄的功能。家长通过购买教育金保险不仅能够为孩子提供教育基金，还能够为孩子提供人身保障，为孩子"保驾护航"。在孩子不同的学习阶段，教育金保险都会提供相应的保险金，供孩子所用，部分产品还具有保费豁免功能。那么，买教育金保险到底划算吗？

其实，我们不能以此衡量教育金保险的价值，我们只能说教育金保险对于不同的家庭有不同的作用和意义。

1. 经济条件一般的家庭

我们购买教育金保险的目的是为孩子储备其所需的教育金，它并不像意外险、重疾险、医疗险那么重要，毕竟孩子的人身保障才是第一位。因此，对于经济条件一般的家庭来说，如果其在为孩子购买了人身保障保险之后，家庭资金没有富余，我们就不建议再为孩子购买教育金保险了。因为在这种情况下，勉强购买教育金保险只会加重家长的经济压力，影响当下的生活，所以实在没有这个必要，况且教育金保险一旦建立，投保人就要每年按照约定缴纳保费，如果投保人因资金不足而退保，那么损失还是很大的。

2. 经济条件好的家庭

对于经济条件好的家庭来说，一年一万元左右的保费并不算高，家长每个月只需要交一千元的费用就可以为孩子购买一份教育金保险，而这份教育金保险却能够带来足够多的好处。

首先，它能够为孩子在不同的成长阶段提供相应的教育金。家长不用担心孩子上学所需的费用问题。

其次，它还能为孩子提供一些人身保障，如可以附加意外保险和健康医疗险，为孩子"保驾护航"。

最后，它还能提供"保费豁免"服务，让家长无后顾之忧，即使家长身故或者"全残"，这份教育保险依然能为孩子提供该有的保障。

3. 富裕的家庭

对于富裕的家庭来说，家长可以提高教育金保险的保费，为孩子提供更多的保障。如此一来，家长便不用担心孩子出国上学的教育费，也不用担心孩子的创业基金。

因此，我们为孩子购买教育金保险不能用"是否划算"来衡量，而要衡量家庭的经济状况：对于经济条件一般的家庭来说，购买一份教育金保险很有可能成为一种负担；而对于经济条件良好和富裕的家庭来说，购买一份教育金保险还是非常有必要的。

十、养老保险

经常有人问我这样的问题："养老需要多少钱？""我每月按时交养老金，就能安心养老吗？""什么时候开始做养老规划比较好？""我的养老金能够支撑退休后的生活吗？"有的人离退休还有 30 年，就已经开始为将来的生活担忧了。因为很多人不知道自己退休后到底需要多少钱，未来的养老金缺口有多大；也不知道从什么时候开始规划养老，认为临近退休开始准备就可以了。其实，我想告诉大家的是养老规划不是临近退休才做的事，而是"一辈子的事"。

统计显示，2016 年我国 60 岁以上的老年人数量达 2.3 亿，与此同时，预计每年将有约 800 万人至 1 000 万人迈入"老年人行列"，越来越多的人将面临养老的困扰。

养老是我们每个人都必须面对的问题，因此，尽早面对，做好合理的财务规划是十分必要的。

〔案例〕

王某 60 岁退休，他打算存 500 万元用于退休后的生活，如果他从 30 岁开始存，每年需要存约 16.7 万元；如果他从 40 岁开始存，每年需要存 25 万元；如果他从 50 岁开始存，每年需要存 50 万元。可见，准备得越早，压力越小；准备得越晚，压力越大。

（一）我们为何要规划养老

1.我国已经进入老龄化社会

人可能一辈子都不会得病，但是一定会变老。资料显示，从 2012 年开始，我国的劳动人口数量开始下降，人口老龄化趋势明显。

通过各种现象可以看出，我国正进入老龄化社会。有专家表示，2000 年以前，我国还是一个比较"年轻"的国家，劳动人口红利是一个重要的社会话题；从 2000 年开始，我国进入了老龄化社会；在 2020 年之后，2025 年之前，我国会进入深度老龄化社会；到 2030 年，65 岁以上的老年人口占比会达到 20%。我国从老龄化社会转变为深度老龄化社会将用时约 20 年；从深度老龄化社会转变为超级老龄化社会将用时约 10 年。我们将面临"快速老龄化"的问题，因此，我们要想优雅地老去，就需要合理地规划人生。

2."养儿防老"不可行

有人会说，有钱没钱，都能养老，因为我们还可以"养儿防老"，但年轻人的生活压力很大，老年人期待的"养儿防老"很可能行不通。事实上，有一些年轻人还可能需要老年人的资助。

3.退休再就业

养老大数据报告显示，我国有超过 40% 的老年人仍在工作，仅有约 25% 的老年人依赖子女养老；在被调查的子女中，有约 50% 的人几乎没有给过父母养老钱。

据统计，截至 2017 年，我国 60 岁及以上的老人数量为 2.41 亿，而老年再就业人口数量则达到一亿。

根据经济学家预测，2050 年前后，我国的老龄人口数量将达到 4.87 亿左右，占总人口数的 34.9%。换句话说，到那时，十个人中就有三个人是老年人，养老压力会变得更大。显然，养老问题绝不是一个小问题，而是每个人都必须面对的大问题。

报告显示，我国老年人养老资金的来源主要为其继续工作取得的收入、存款及养老金。然而，随着年龄的增长，老年人的健康状况没有年轻时好，他们在健康医疗等方面的支出会越来越多。

年轻人在承担起家庭责任的同时，也应该考虑当自己退休时，是否为了养老还需要继续工作？如果我们能从现在开始就提前做好养老规划，在退休之后可能就不必如此奔波。

目前，我国的养老体系构成如表 1-3 所示。

表 1-3　我国养老体系构成

养老体系	国家养老	企业养老	个人养老
具体方法	社会基本养老保险	企业年金	个人储蓄、商业养老保险、基金定投等
保障方式	企业职工强制参保（农村有新农合，可以选择参保）	公司团体参保（主要是国企和大型企业参保）	自己规划
保障效果	一般	稍好	较好
参与人数	较多	少	极少

养老金替代率是指劳动者退休时的养老金领取水平与退休前工资收入水平之间的比率。它是衡量劳动者在退休前后生活保障水平差异的基本指标之一。

统计数据显示，全国养老保险平均替代率从 1999 年的 45.45% 下降到 2007 年的 32.58%。简单地说，如果一个人上班时的收入为 100 元，他在 1999 年退休时能拿约 45 元养老金，那么他到 2007 年只能拿约 32 元养老金。而且，随着经济的增长，养老替代率有可能越来越低。另外，企业年金覆盖的群体非常有限，基本上只有国企和一些大型企业才会选择参保。

因此，如果我们在老了以后想过上一个体面的生活，就要提前准备和规划。这是一个财务规划的问题。每个人的收入情况和对退休生活的期望都不尽相同，在规划生活时需要考虑的问题也不同。在此，我给大家几点建议。

● 合理估算

我们要明确自己年老后想过什么样的生活，要估算年老后的大概支出是多少，例如，我们要估算相应的生活费和医疗费，还要预留一定的休闲娱乐费。

● 投资组合

财务规划是通过投资组合来实现的，因此我们要明确自己退休后的收入来源，如国家统筹的养老保险、房屋租金收入、商业养老保险、银行利息等。我们要有养老规划的意识，要清楚哪些是稳定的收益，哪些不是稳定的收益。

● 考虑通货膨胀的影响

目前，我国的通胀率保持在 5% 至 6% 之间，因此我们即使已经有了一定的现金积蓄，也要考虑通货膨胀的影响，要估算一下养老金在二三十年之后是否还够用。

与储蓄、股票投资、房产投资等理财手段相比，商业养老保险在支撑养老上有一定的优势，如图 1-6 所示。

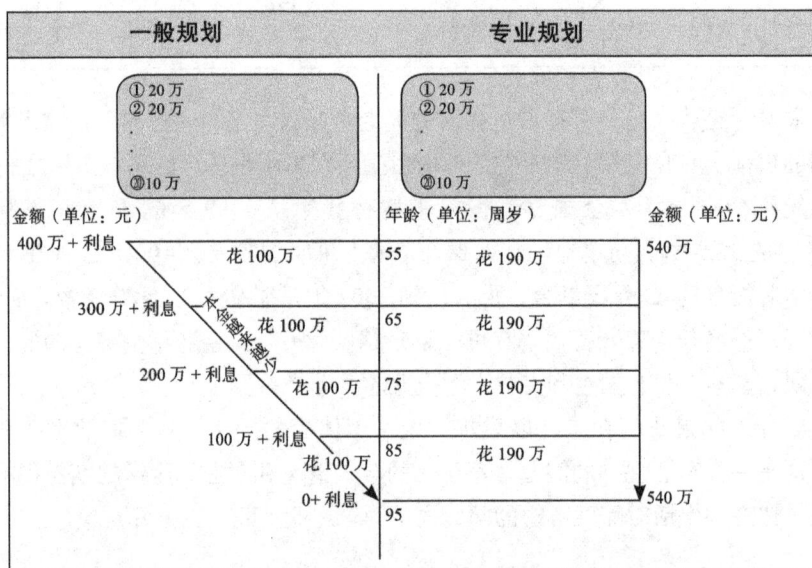

图 1-6　一般养老规划和专业养老规划的区别

如果我们从 35 岁开始规划，用传统的储蓄方式每年存 20 万元，那么我们到 55 岁时可以得到 400 万元和一部分利息（利率呈下行趋势，即利息会越来越少）。如果我们从退休时（55 岁）就开始花钱，假如每年花 10 万元，10 年就花 100 万元，到我们 65 岁时就剩 300 万元和一部分利息，到 75 岁就剩 200 万元和一部分利息。同时，大家会发现随着年龄的增长，身体会越来越差，花钱的地方会越来越多。

如果我们从 35 岁开始用专业保险的方式规划，每年存 20 万元，那么随着复利积累，我们到 55 岁时就可以积累到 540 万元，也就是说我们从 56 岁开始就可以"领钱"了。我们每年可以领 19 万元，到 65 岁时共可以领取 190 万元。

这些钱都是利息，我们还有 540 万元本金，将来我们可以把这笔钱留给孩子。

可见，我们用一般方式规划花的是本金，用专业方式规划花的是利息。我们应该都想选择第二种"一直花，一直有"的保障方式。对大多数人来说，购买商业养老保险就是一种相对有保障的养老方式。

（二）购买商业养老保险是我们较好的选择

商业养老保险具有稳定、可持续、不可挪用等特点。也就是说，它所提供的保障不会因为投保人发生意外或患病而改变。我们在退休后会有一份安全、稳定的现金流，无论未来经济形势如何，我们都可以不断地从保险公司领钱来支付我们老年的生活开支和医疗费用，一直到我们身故。

我们中的很多人都没有财务规划的习惯，但是当我们看到提前规划的家庭已经过上了稳定的生活时，其实在内心还是非常认同财务规划的。通过年金险和固定增额终身寿险来应对子女教育和养老问题是非常明智的选择。它之所以能保障充足性，是因为它能够根据我们自身的情况确定退休之后我们可以拿到多少养老金。例如，如果我们每月需要 6 000 元，那么只要我们从年轻时定期缴纳一定的保费，退休后就能每月拿到 6 000 元。

除此之外，商业养老保险还有一个特点，那就是复利效应。我们购买的越早，需要缴纳的保费就越少。每年的利息都会化作第二年的本金，长久下去，等到退休时我们便能够拿到更多的保险金（见图 1-7）。

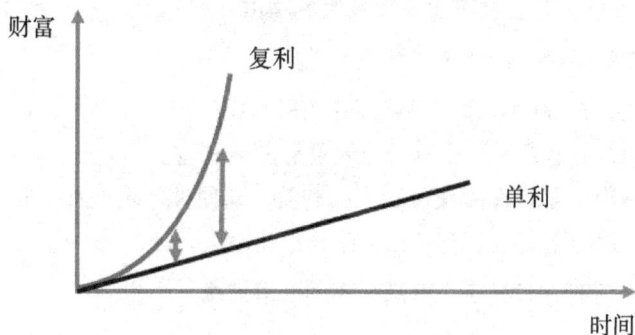

图 1-7　复利与单利的比较

养老保险就是这样，我们在年轻时就需要为老年生活做好准备，把不确定的因素变成确定的因素，将养老的风险提前扼杀。到时候我们就可以从容应对收入降低、社保养老金低等由退休带来的大部分难题（见图1-8）。

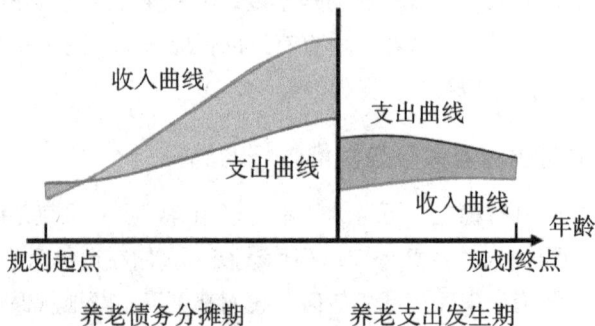

图 1-8　养老保险规划收入与支出

此外，年轻人购买商业养老保险有以下几个好处。

1. 复利增值

商业养老保险为何能实现复利增值？这是因为商业养老保险也是有收益的，而且基本上都是采取复利的模式，投保人缴费的时间越长，将来获得的收益就会越高。

年轻人每年仅需要缴纳不多的保费就可以购买商业养老保险，但等到他们年老时会领取较高的保额。例如，某人从 30 岁开始缴费，每年交 10 万元，缴纳 20 年，其保单现金价值就能达到 286 万元。另外，他从 51 岁开始便能够每年领取 10 万元的利息，而本金将继续复利增值。

2. 保障内容多样，保证领取利益

一般来说，被保险人除了每年能够领取相应的养老金之外，还能领取关爱金、祝寿金等，有些产品还会有分红收益等其他利益。

这些保障内容足以保障被保险人的利益，即便被保险人刚领养老金不久就不幸离世了，保险公司也会将身故保险金给受益人。

3. 缴费、领取方式灵活，可满足不同人群需求

商业养老保险的缴费方式有趸交、10 年交、20 年交等，投保人缴费时间越长，每年需要缴纳的保费就越少。

被保险人在领取养老金时，可以选择在 55 岁、60 岁、65 岁等多个不同年龄点领取，也可以选择一次性领取、每年领取、在一定时间内全额领取等多种

方式，从而满足自己的养老需求。

我们可以选择购买年金保险以准备养老金，从 60 岁开始领，20 年内领取完；也可以选择购买增额终身寿险以准备养老金，即根据实际需要领取，需要就取，不需要就不取。

〔案例〕

　　某人在她 37 岁时购买了固定增额终生寿险：自己是投保人，被保险人是自己 6 岁的女儿，每年缴费 20 万元，缴 20 年，共计缴纳保费 400 万元。缴费结束当年，预计其现金价值就能达到 550 多万元。她从 61 岁开始就能每年领取 20 万元用于养老，假设她能活到 90 岁，那么她就可以领 600 万元。假如她 90 岁离世，那么她的女儿可以取出剩下的钱。当她 90 岁时，她的女儿 59 岁，保单如果继续，这些钱正好可以做女儿的养老金给女儿养老，她的女儿每年也可以领取 20 万元。假设她的女儿可以活到 105 岁，那么女儿可以领取 920 万元，而所有剩余的钱都可以留给第三代。

　　有人可能会说我可没那么多钱，那就尽力而为，逐步推进，很多人都是分次进行规划的。年轻人存不了钱，每年缴纳保费的方式能够帮助年轻人养成储蓄的习惯；年轻人挣钱少，商业养老保险允许年轻人每年缴纳少量的费用；年轻人缺乏养老规划，商业养老保险已经为年轻人规划好了养老所需，实现了"专款专用"。

　　因此，养老是我们必须面对的长期考验，我们不应该在退休前几年才开始做养老规划，而应该在年轻时就提前做好规划，未雨绸缪。

第二章

投保前必须知道的事

如果没有理顺思路，我们在买保险时就会摸不清方向，很可能买了不适合自己的保险。接下来，我们就来聊一聊买保险前必须知道的事。

一、买保险的正确思路

大家有没有想过一个问题：我们为何要买保险？买保险是为了解决什么问题？下面，我想根据自己的从业经验，整理出买保险的正确思路。

（一）为什么买保险

很多人都知道保险有用，却说不清楚具体有什么作用。

我们如果不清楚自己买保险是用来解决什么问题，就很难买到合适的保险。我就遇到过很多盲目投保的案例：有些人优先为孩子买保险；有些人碍于面子买了"人情单"，有些人喜欢"跟风"买了同事买的保单。这样的例子举不胜举。

实际上，如果你想买保险，那么你就必须想清楚自己到底为何要买保险。以下几条是大多数人购买保险的主要理由。

- 担心得大病，没钱看病。
- 担心死后家人生活困难。
- 担心自己意外身亡给家庭造成重大影响。
- 担心家庭的"经济支柱"倒下，没钱还房贷，没钱抚养孩子，没钱给孩子良好的教育。
- 担心生病，而社保报销比例太低。
- 担心老了以后没钱花。
- 担心将来征收遗产税。

每个人担心的事情不一样，买的保险自然不一样，因为不同的保险作用不一样。所以，我们在买保险之前一定要考虑清楚自己到底在担心什么，有针对性地购买保险。

（二）给谁买保险

如果我们资金充足，全家人都可以买到合适的保险。但是大部分家庭的预算都是有限的，所以我们买保险也要讲究"轻重缓急"。

保险本来是一种转移风险的工具。从经济的角度考虑，如果孩子在没有保险的情况下出险，父母尚可以应对；一旦父母在没有保险的情况下出险，孩子基本没有抵御能力。因此，父母才是孩子最基本、最重要的依靠和保障。如果父母由于罹患重疾没办法继续工作或者父母身故，孩子可以通过保险理赔得到至少几十万元的理赔款，从而能生存下去并能继续接受良好的教育。

对于家庭来讲，大人的健康和平安才是孩子健康成长的前提，所以在大人没买保险前，请谨慎为孩子花费重金买保险。

（三）能拿多少钱买保险

对于普通人来说，他们除了要考虑每天的日常开支以外，还要考虑养车、养房、养娃，如果还能有多余的钱买保险，就已经很不容易了。

那么，到底要拿多少钱买保险才合适呢？我的建议是我们买保险应以不降低目前的生活水平为准，将来万一出现风险，比如得了癌症等重疾，靠保险理赔起码能保障将来的生活水平。

（四）还能不能买保险

买保险需要符合一定的条件。有的人说："我的身体很健康，没得过什么病，也没有住院病史，为什么我投保重疾险却被拒绝了呢？"他们百思而不得其解。

保险公司需要了解投保人的健康情况、生活习惯等一切可能影响死亡率和伤残率的情况。保险公司只有经过综合判断，才能确定能不能承保。保险公司一般会对投保人的以下情况进行详细调查（见表 2-1）。

表 2-1　保险公司调查事项

个人因素	财务因素	健康因素
年龄	收入情况	体型
性别	家庭财务	既往病史
职业	保险需求	现在病史

（续表）

个人因素	财务因素	健康因素
爱好	投保动机	家族病史
生活环境	投保保额	体检结果
—	投保历史	—

甲状腺结节、乳腺结节、子宫肌瘤、乙肝等疾病虽然不是什么大病，却会影响我们购买保险。那么，什么时候买保险合适呢？我建议大家尽早买，以免因健康问题无法投保。

（五）投保渠道

购买保险的渠道有很多，而且保险的价格差距非常大。互联网时代，网购大大方便了我们的生活，许多保险产品也可以在互联网上销售。但是对于网购保险，不少人还是心存疑虑。即使我们在网上找到了一款合适的产品，也会因为担心网上的保险产品会不会不安全、理赔手续会不会很麻烦、出现纠纷怎么处理等问题而犹豫不决。面对琳琅满目的"线下"与"线上"的保险产品，消费者到底应该选哪个渠道？

"线上"投保与"线下"投保主要有以下不同（见表2-2）。

表 2-2　"线上"投保与"线下"投保的比较

	"线上"投保	"线下"投保
合同解读	对消费者要求高	对专业代理人或经纪人要求高
保险价格	价格较低	价格较高
理赔服务	由保险公司理赔	由保险公司理赔

1. "线下"购买渠道

"线下"购买渠道主要涉及互联网销售和电话销售，具体包括代理人销售、银行保险销售、中介渠道等。

（1）代理人渠道

保险公司专属代理人就是我们平常所说的"保险推销员"。据不完全统计，国内在册保险代理人已经超过800万人。目前行业对保险代理人的专业要求越来越高。

优势：保险公司专属代理人离我们的生活很近，我们身边的亲戚朋友中就有一些保险行业的人。

劣势：保险公司专属代理人一般只推荐其所在公司的保险产品。尽管他们推荐的可能是他们公司的产品中性价比最高的产品，但未必是全市场最好的。另外，代理人队伍良莠不齐，这也是很多人不信任保险代理人的主要原因。

（2）银行渠道

通过银行销售保险是常见的保险销售渠道，但需要注意的是，银保产品是银行与保险公司合作并代其销售的保险产品。所以，我们从银行渠道购买的保险是与保险公司签订的保险，而并非银行的理财产品。

优势：保险是资产配置的一部分，大众非常信任银行，银行在综合金融上有优势。

劣势：每个银行网点可代理的保险公司不多，选择有限；银行保险渠道主打理财型保险（年金、分红、万能、投连），这些产品比较复杂，很难在短时间内解释清楚，容易产生误导。

银行销售的大多数是理财险，少部分是人身险，基本上没有消费型保险。因为大多数去银行的人对于消费型保险一时难以接受，而理财险对客户的吸引力更大一点，更好卖出去。

银行理财险的收益不是固定的，时高时低，所以我们在银行买保险一定要看清条款，认真考虑之后再买。

（3）专业中介渠道

专业中介渠道（经代渠道）分为保险代理和保险经纪。在产销分离的政策支持下，近几年保险中介得到快速的发展。很多保险公司只做优质产品的开发和售后服务，而把产品销售交给专业的中介渠道。这是一种"双赢"的做法：消费者买到了高性价比的产品；保险公司不用直接聘用代理人，节省了经营成本。

优势：大型保险中介公司可以和数十家保险公司签约合作，海量的产品能够满足大多数消费者的需求。而保险公司专属代理人受限于一家公司，客观性和中立性都会大打折扣。

劣势：目前还处于市场的培育阶段，大多数消费者并不知晓。

保险经纪人和保险代理人有以下不同。

① 代表的利益不同

《中华人民共和国保险法》（以下简称为《保险法》）第一百一十七条规定，保险代理人是根据保险人的委托，向保险人收取佣金，并在保险人授权的范围内代为办理保险业务的机构或者个人。保险代理机构包括专门从事保险代理业务的保险专业代理机构和兼营保险代理业务的保险兼业代理机构。

《保险法》第一百一十八条规定，保险经纪人是基于投保人的利益，为投保人与保险人订立保险合同提供中介服务，并依法收取佣金的机构。

保险代理公司代表保险公司的利益，通过所掌握的渠道，宣传销售保险公司的保险产品，在保费进入保险公司账户后，由保险公司向代理公司支付佣金。也就是说，保险代理公司主要代表保险公司的利益与投保人进行谈判。

保险经纪公司接受客户委托，代表的是客户利益。保险经纪就是客户（投保人）的经纪人，他们根据客户的需求，在所有保险公司的产品中组合一套最合适的方案（例如，将一个平安保险的产品、一个人寿保险的产品、一个太平洋保险的产品组合起来），从而让客户的利益最大化。所以，保险经纪公司并不推销保险产品，而要站在客户的角度，根据客户的需求，帮客户选择合适的、性价比高的保险产品（见图2-1）。

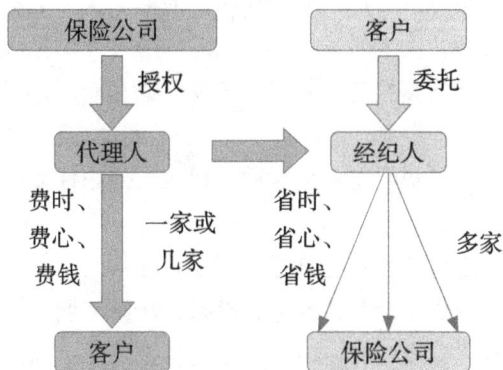

图 2-1 保险经纪公司的优势

② 提供的服务不同

保险代理人一般只代保险公司销售保险产品、收取保险费；保险经纪人为客户提供风险管理、保险安排、协助索赔与追偿等全方位服务。

③ 在法律上承担的责任不同

保险代理人与保险公司是代理与被代理的关系，被代理保险公司仅对保险代理人在授权范围内的行为后果负责。

客户与保险经纪人是委托与受托的关系，如果因为保险经纪人的过错造成客户的损失，保险经纪人对客户承担相应的经济赔偿责任。

④ 立场不同

保险代理人代理的产品单一，一般只能陈述自己产品的优点；保险经纪人可以代理的产品很多，所以能够客观地分析每个产品的优点和缺点。

如果把所有的保险产品都比作果园里的果子，那么代理人只能帮你选出果园里的某一棵树上最好的果子，但是经纪人可以帮你选出果园里最好的果子。

⑤ 投保模式不同

保险经纪人可以根据不同情况，一次性进行多家投保后，为客户选择比较理想的结果承保；保险代理人则无法做到。

简单地说，代理人是直接为保险公司服务，相当于一个授权经销商；经纪人是为需要保险的人服务，相当于一个批发商。

保险代理人在销售产品时以产品为导向，很难做到以客户需求为导向；而保险经纪人在销售产品时以客户需求为导向。他们会充分了解客户的家庭状况与财务状况，在此基础上分析家庭"风险点"，并判断规避这些"风险点"需要什么类型的产品，不同类型的产品需要多少保额，如何在客户的预算之内为其选择合适的产品。

有人说，买保险还是找经纪人更合适。但是，到底什么样的经纪人值得信赖呢？

首先，经纪人不能为了顺利签单过分迎合客户。

很多人总希望一份保险能兼顾保障、理财，最好满期之后还能把本金拿回来。这样的产品有没有？当然有，但不一定适合你。一个好的经纪人，最起码会指出客户在选择产品时不合适的地方，根据配置保险的正确方式提出合理的家庭保障方案，而不是一味地满足客户的要求。

其次，经纪人要有专业技能并维护客户利益。

专业的经纪人会详细解释专业术语的具体含义及相互关系，而不会只强调某款产品收益有多高。所以，一个合格的经纪人不会为了业绩做出不切实际的承诺，也不会损害客户的利益。

最后，经纪人要从客户的实际需求出发。

不同的家庭有不同的情况，收入、家庭结构、购买需求都不相同。一个优秀的经纪人会根据客户的情况为其选择不同的产品搭配。同时，客户一定要结合自己的实际情况选择产品，做到"对症下药"。

2."线上"购买渠道

互联网保险具有简单、低价、投保方便的特点，受到新兴消费者的青睐。最近几年互联网保险迅猛发展，很多保险公司都构建了自己的直营销售网络。

（1）优势：方便、快捷，投保人自主下单购买，不会被误导。我们可以同时对多份保险合同进行分析对比，最后选出最适合自己的那个保险产品；可以省去代理人环节，保险公司运营成本随之降低，费用自然也会降低，并且不会影响保障条款。

（2）劣势：在"线上"买保险要求投保人对保险有一定的认识。投保人在方案设计、产品甄别、合同条款解读、健康告知等环节需要花费大量的时间和精力，需要自己完成后期理赔，需要自己处理理赔纠纷。说白了，就是什么事都得亲力亲为。

近年来，互联网保险的纠纷问题慢慢开始凸显，主要原因在于人身保险的复杂性。大部分人投保的时候都有一些健康问题，常见的有患有甲状腺疾病、乳腺疾病、脂肪肝等。这些人能投哪些保险，如何做健康告知？这些问题都需要消费者自己解决。

解决问题的一种方法是咨询身边的专业代理人／经纪人。有一些"线下"的代理人／经纪人也卖"线上"保险，而且同一款产品价格一样。

无论是"线下"销售，还是"线上"销售，关键还是产品。同一个保险产品，无论从哪个销售渠道购买，获得的保障都是一样的，因为条款才是产品的根本，保障才是我们的最终目的。

（3）如果有值得信赖的代理人或经纪人，就可以选择"线下"购买。值得信赖的业务员不盲目推销某个产品，而是根据客户需求帮助客户购买最适合自己的保险并制定合理的投保规划。这样不仅能省钱，还能免去许多理赔纠纷。

一个资深的保险代理人或经纪人有很丰富的经验，他们可以发现很多"外行人"看不到的东西，可以发现每一个条款里面的可解释范围，帮助消费者消除许多顾虑和隐患。这是在"线下"购买的最大优势。

（4）如果了解保险，又有具体规划，可以选择"线上"购买。我写这本书的目的就是向大家传播专业的保险知识，让大家通过学习，不但能自己买保险、看懂保险条款，而且能远离欺骗和假象。我们只有学习保险知识，了解保险，才能发挥保险的功能，让其帮助我们抵御风险。如果我们具备了这些能力，就可以选择"线上"购买。

（六）买多少保额合适

目前，癌症的治疗费用大约为28万元，如果你只买了10万元的保额，那就需要增加保额。换言之，如果家庭的"经济支柱"罹患重疾，获赔金额太少，那么买保险的意义就不大。其实买保险就是买保额，大家可以参考下面的表格，结合自己的实际情况来搭配保额（见表2-3）。

表2-3　主要保险建议购买保额

重疾险	不低于50万元，覆盖疾病治疗费、五年收入损失费、长期康复费等各项费用，一旦确诊就理赔
定期或终身寿险	50万元～300万元，覆盖房贷、车贷、子女教育费、赡养老人的费用
意外险	100万元，每年只要交几百元，买后不涨价，建议购买
医疗险	先配置一份百万医疗险，30岁时每年只要交三四百元，建议购买

（七）缴费方式

1.重疾险、定期寿险：可以选择较长的缴费时间，每年保费支出少，杠杆大，可以省出保费补充其他险种或提高保额。万一被保险人在缴费期内出险，可以停缴保费，照样能获得保险赔付。

2.年金险或其他理财保险：如果资金充足可以选择短期交费（如趸交），因为缴费期限越短，投入的本金就越多，收益就会越高，就像滚雪球一样。

二、关于健康告知

欧阳女士一年前买了一份终身重疾险，不久后她查出患有甲状腺癌，一个月后又查出患有乳腺癌，欧阳女士一起申请理赔。保险公司核赔时发现欧阳女士在投保时已患有甲状腺结节，但她未在健康告知中如实告知。所以，保险公司最终对甲状腺癌拒赔，对乳腺癌赔付。

案例中的欧阳女士如果只患有甲状腺癌，去申请理赔是拿不到赔款的。现实中因为没有进行健康告知，影响理赔的案例并不少见，但真正懂得如何进行健康告知的人少之又少。

（一）什么是健康告知

《保险法》第十六条对健康告知做出了明确规定：订立保险合同时，保险人就保险标的或者被保险人的有关情况提出询问的，投保人应当如实告知。

因此，无论是"线上"投保还是"线下"投保，投保人都需要填写一份健康告知。具体来说，健康告知遵循两种方式：无限告知和有限告知。

（1）无限告知：指投保人主动把已知和应知的与投保有关的所有情况尽量告知保险公司，不得有所保留。

（2）有限告知：也称询问告知，指如实填报保险单证上的有关项目并与补充回答相结合，就是"问了就说，不问可以不说"。

（二）为什么需要健康告知

其实，我们买保险正如和保险公司做一笔交易，即买保险的人给钱，保险公司做出承诺理赔。保险公司当然希望健康的人投保，这样可以降低自己的理赔风险。然而，保险公司也要面临保险的逆选择风险，如以下几种情况。

（1）已经得病，甚至病入膏肓，这时候买保险，很快就能获得理赔。

（2）很可能要得病了，赶快去买保险，这样也有很大的概率获得理赔。

（3）经常从事危险工作，或者长期处于高风险环境，发生意外的概率很高。

为了降低风险，保险公司做了一些事先约定，这些事先约定指的就是健康告知。健康告知是指被保险人将自己的身体健康状况告知保险公司，保险公司做风险评估并确认是否可以承保。健康告知的内容直接决定了保险公司是否承保，以怎样的条件承保，以及出险后能否顺利理赔。

（三）如何正确填写健康告知

从调查结果来看，大家对健康告知的态度有三种。第一种是"事无巨细"型，投保人会把自己的知道的、可能的、未确诊的一些异常指标全部告知保险公司；第二种是"粗心大意"型，投保人不细看就全部选"否"；第三种是"撞大运"型，投保人抱侥幸心理，知道自己有些健康问题，担心被拒保，故意隐瞒病情。

"粗心大意"型和"撞大运"型明显存在理赔的风险隐患；"事无巨细"型虽然不存在这类理赔风险，但是给核保人员造成了困扰，也会造成核保结果不理想。而阅读本书可以让你避免花了保费，却难理赔，甚至不能理赔的情况。很多人不喜欢"告知"这项义务，主要是担心告知会影响核保，怕买不了保险。接下来我们就来说一说，到底怎样的健康告知既能遵守投保原则，又不会给自己"挖坑"。

1. 需要告知的内容

简单来讲，就是"问到什么答什么"。一般要求告知的内容是会影响保险公司评估个人风险、做出核保决定的重要事项。这些重要事项，根据不同险种会有所区别，通常包含以下三部分内容。

（1）健康告知内容：是否有疾病或住院记录等。这是健康告知中最主要的部分。很多核保师都曾做过医生，毕竟只有具备医学方面的专业知识，才能准确把握健康问题的尺度。

（2）职业告知内容：是否从事高危行业。对于高空清洁工、武警战士等职业的从业者来说，他们面临的风险明显更高。

（3）生活告知内容：是否吸烟、酗酒，是否有极限运动等危险性高的业余爱好等。

2. 常见的健康告知内容

我参考了市场上几十款保险产品的告知问卷，将常见的健康告知内容总结为以下几条。

（1）是否有列举的疾病或症状

被保险人是否有或被怀疑有以下健康异常。

①原位癌、恶性肿瘤、白血病、精神疾病、失聪、语言功能丧失、肢体缺损。

②脑血管疾病、心肌病、心力衰竭、冠心病、心绞痛、心肌梗死、肺源性心脏病、二尖瓣狭窄、高血压、心律失常、心动过速、心动过缓、肺纤维化。

③糖尿病、系统性红斑狼疮、脑垂体疾病、重症肌无力、紫癜症、甲状腺疾病、类风湿性疾病。

④尿毒症、肾病、血尿、肾炎、肝炎、肝硬化、慢性萎缩性胃炎、肠息肉、胰腺疾病、便血。

⑤癫痫、脊髓病变、帕金森病、慢性酒精中毒。

在此，投保人只要回答是否有所列出的具体疾病或症状即可，没列出来的，可以不回答。

（2）是否进行过某种治疗

保单上会有如下的问题。

请据实回答下列问题，若为"是"请在备注栏中进行详细说明。

①过去两年内是否曾因接受健康检查有异常情形而被建议接受其他检查或治疗？（也可提供该检查报告以供参考）

是□　　　　否□

②最近两个月内是否因受伤或生病而接受过医师诊治或用药？

是□　　　　否□

③过去五年内是否因受伤或生病住院治疗七日以上？

是□　　　　否□

这里提到的各种诊疗方式，让人摸不到头脑，其实每个名词所指都有所不同。

检查：各种体检。

治疗：针对疾病、伤害等异常现象，加以手术、用药、物理治疗、心理治疗等。

诊治：对于身体的异常情况，向医生问诊并接受治疗。

用药：长期或短期内服用、注射过某种药品。

要注意的是，治疗和用药一般是指需要在医院和医生指导下完成的；如果只是因为感冒自己去药店买药，就不属于告知的内容。

（3）是否在某个时限内，存在某种情况

例如，"最近两个月内是否因受伤或生病而接受过医师诊治用药？""是否在最近两年内因身体异常进行过门诊诊疗或进行过核磁共振、超声、核医学等检查，且被医生建议需要住院、手术、长期药物治疗、定期复查？"等。

一般询问的时限有最近两个月内、一年内、两年内、五年内，所以只要你不是在所提问的时间内生病或者看病，就都可以选择"否"。如果问的是两年内是否因受伤或生病接受过医师诊治或用药，而你是四年前因生病接受过医师诊治，那么你就可以填"否"。

（4）以往的体检报告

很多企业都会每年为员工做体检，如果客户不清楚自身的身体状况，可以将最近一年的体检报告附在投保资料里，保险公司会做出判断。

（5）BMI 指数

BMI 指数是个体的体重（公斤）与其身高（米）的平方的比。BMI 指数的正常范围为 18~25，太高或者太低都会影响承保。有些投保人或者代理人会擅自更改计算结果，这会给投保人带来理赔风险。

（6）吸烟和喝酒

我们身边有很多人喜欢吸烟，但是吸烟有害健康。

一个 40 岁的人吸烟 20 年，每天吸 10 支，20 年吸 73 000 支。这是一个非常可怕的数字。保险从业者也应该督促客户尽早戒烟，不然就算其现在是健康体今后也会变成不健康体。

喝酒和酗酒是有区别的，每天喝一二两白酒和每天喝一两斤白酒其严重程度是完全不一样的。

（7）其他

女性要注意是否有卵巢囊肿、乳腺结节，而男女高发的疾病有甲状腺结节等。对于这类高发疾病我们要特别注意。

如果我们没有健康告知里面明确问到的这些问题，就可以直接投保了。在填写健康告知的过程中，我们也经常会遇到这样一种情况：对于在健康告知中问到的疾病，我们不知道自己有没有，于是就不知道该如何填写了。在这里，我可以给大家一个小小的建议，即只要没有被医院"确诊"的病症，我们都可以回答"否"。因为保险条款里面有一个"两年不可抗辩"条款。只要我们本着诚信的原则，如实地填写健康告知，如果后期真的发生那些不知情的风险，那么保险公司同样是要承担责任的。

还有些疾病不需要告知，例如，普通感冒、轻微的胃肠炎、鼻炎、急性肺炎、急性上呼吸道感染、胆囊炎、胆囊结石、阑尾炎、无并发症的剖腹产、疫苗接种、轻微关节或肌肉损伤或无并发症的骨折并已经完全康复的可不告知。具体情况要依照保险公司的告知规定，超过告知期限的，可选择不告知。

（四）健康告知的原则

我们应对保险公司所提到的相关问题进行如实告知。在具体操作时，我们应该遵守以下四大原则。

1. 有问必答

我们对健康告知中明确列出的内容如实答就可以。例如，如果问是否有甲状腺结节，那么我们就应该如实回答"是"或者"否"。

2. 看清再答

健康告知中的很多问题都有时间限制，我们要看清楚再回答，而不要着急回答。例如，有的保险产品的健康告知问的是"是否曾经在过去两年内住院"，如果被保险人是两年前住院的，那么就可以放心选"否"。

3. 不问不答

我们没有必要主动说明健康告知中没有提到的内容（即使在有些情况下可能出现风险）。例如，如果只问有没有高血压，而没提有没有痛风，我们只要回答"没有"就可以了。

4. 亲自回答

很多人请代理人帮助其完成投保。有个别代理人为完成任务，即便客户有某些健康问题，也没有如实告知。所以，我尤其要提醒选择"线下"投保的用户，对可能影响到承保理赔的健康状况，尽可能亲自核对一遍。

三、关于两年不可抗辩条款

这个条款被某些人错误地解读为"有病无所谓，熬过两年就会赔"。那么，我们该如何正确地理解这则条款呢？

（一）为何设有不可抗辩条款

投保人未履行告知义务有以下原因。

（1）投保人故意，明知生病了还想骗保。

（2）投保人过失，自己也记不清自己的病史，或者搞不清楚各种疾病。

（3）保险代理人误导，以便通过保险公司核保。

所以，国家在 2009 年修改保险法的时候，就加入了两年不可抗辩期的条款，业界认为这次法律修改有效地保护了投保人和被保险人的利益。

从实务角度来看，这个条款其实是双赢的条款，有了这样的条款，给许多投保人吃了"定心丸"，更多的人愿意投保，增加了保险业的利润。实际上，许多保险公司并不关心个案，而关心整体利润。对保险公司而言，保险是一门生意，并不需要从法律的角度"死抠"条文。

（二）两年不可抗辩期的适用

首先，我们要明确告知的内容或者疾病与合同条款中规定的重大疾病是有区别的。需要告知的内容或者疾病往往是一些轻微的疾病或者症状。

例如，乙肝病毒携带属于轻微的疾病或者症状，而肝癌晚期属于重大疾病。如果不能理解轻微的疾病或者症状和重大疾病的不同，就很难理解下面的几种情况。

1. 轻微的疾病或者症状没有告知。有些小病、症状或者不良生活习惯会慢慢演化为重大疾病。只要确诊重大疾病时即保险事故发生时离合同成立已经过了两年，保险公司就肯定要赔。

〔案例〕

2008 年 9 月，王某投保了某寿险及附加终身重疾险，保险金额分别为 12 万元和 4 万元。2010 年 11 月，王某被医院诊断为脑干梗塞后遗症、Ⅱ型糖尿病、高血压病 3 级、高脂血症（均属于保险合同约定的重大疾病范围）。2011 年 3 月 3 日，王某向保险公司申请理赔。2011 年 3 月 11 日，保险公司做出拒赔决定：解除保险合同并退还所交保费 12 000 元。

经多次协商理赔未果，王某遂诉至法院，要求保险公司给付保险金。庭审中，保险公司辩称，王某在投保前曾因患冠心病、Ⅱ型糖尿病住院治疗，而在投保时王某未履行如实告知义务，因此保险公司有权解除保险合同。

法院经审理认为：保险合同的生效日为 2008 年 9 月 29 日，保险公司于 2011 年 3 月 11 日才提出与原告解除保险合同，已超出法律规定的两年期限，原告作为投保人依法享有取得理赔款的权利，遂判决保险公司赔偿投保人王某 4 万元。

2.轻微的疾病或者症状没有告知，但实际投保时被保险人已经有重大疾病了。投保人的故意心态比较明显，这种情况就不适用两年抗辩期了。

〔案例〕

周女士于 2010 年 3 月 16 日投保某重疾产品，每年缴保费 6 000 元，2015 年因乳腺癌申请报案，要求正常赔付。经调查：2010 年 3 月，周女士发现右乳肿块住院治疗，出院时被诊断为右侧乳房癌，癌症的确诊时间为 2010 年 3 月 11 日，周女士出院后立即投保。

此案例中，周女士属于故意隐瞒投保前病史，恶意投保动机明显，证据确凿，故保险公司做拒付处理。

3.轻微的疾病或者症状没有告知，在合同成立两年之内发生重大疾病，通常情况下保险公司会拒赔并解除合同。但有的投保人基于各种原因，会拖延到两年后再去理赔。

〔案例〕

占先生于 2016 年 8 月 1 日投保，而 2017 年 1 月 1 日发现患有重大疾病，治疗半年被保险人死亡。家属早就拿到了相关的诊断材料，但一直等到 2018 年 8 月 1 日之后才提交给保险公司要求理赔。

在这种情况下，投保人不诚信也是比较明显的。另外，保险合同中往往约定在保险事故发生后多少天应提供理赔材料，故意拖延提交理赔材料也是违反合同约定的。一般而言，这种情况下的保险理赔难以得到支持。

四、关于体检

（一）保险公司会要求被保险人体检的各类情况

（1）必须体检：一些保险产品会将体检作为硬性要求，无论被保险人年龄、职业、身体状况如何，都必须进行体检。

（2）既往病史：如果你有既往病史，那么身体就可能存在隐患，这样保险公司会要求你做体检，确定你现在的身体状况。

（3）超额投保：如果你的保额做得非常高，那么保险公司所承担的风险也会增加，他们出于自己的利益，要求你进行体检也是合情合理的。

（4）抽查比例：保险公司每年都有一定的抽查比例，被抽到的客户无论身体状况如何，都必须进行体检。不过每个保险公司的客户群体都是非常庞大的，被抽到的概率比较小。

如果在投保之前你已经进行了体检，并且检查出来了某些问题，但是保险公司又没有要求你体检，这种情况应当如何处理？我的建议是，如果保险公司问就如实相告，否则责任全部由自己承担，保险公司有权不进行理赔，甚至解除合约。但是如果保险公司没有问，你就不用主动告知，责任由保险公司承担，出了事故保险公司要赔偿。

如果在体检时发现了某些问题，那么就会影响接下来的投保。所以，无论身体是否健康，我们可以尽量选择免体检的保险产品，如果投保额度比较大，可以通过经纪人多家投保，这也是非常明智的选择。

（二）如何避开体检

（1）货比三家：不同的保险公司会有不同的要求，我们应该尽量避开那些强制要求必须体检的保险产品。

（2）控制保额：许多保险产品都有免体检额度，如有的保险有明确要求，保额高于 50 万元的产品会要求进行体检，保额不足 50 万元的产品可以享受免体检。

（3）趁早购买长期型保险：我们最好在身体健康状况良好的时候及时投保，年龄越小，免体检额度就越高；就算必须进行体检，也不会对投保造成太大影响。

五、关于核保

很多人肯定会担心如果身体有一些状况不符合投保要求，保险公司不愿意承保了怎么办？先别担心，我们如实告知后，都要经过保险公司核保。如果通过核保，那么保险公司会根据我们的身体健康状况承保。常见的核保结果有以下五种。

（一）正常承保

所谓正常承保就是，我们向保险公司如实反馈我们的健康状况，保险公司通过核保，觉得告知的健康状态对投保的影响不大，保险公司愿意正常承保。

【案例1】

张女士有轻微乙肝病毒携带，她在投保重疾险时，发现健康告知有相关要求，所以不能正常承保，要经过保险核保。保险公司根据张女士提供的体检报告发现她确实有轻微乙肝病毒携带，但是肝功能正常，符合承保条件，可以正常承保。

【案例2】

王先生不久前因一场意外导致小腿骨折，并住院做了手术。最近，他在投保某"线下"重疾险时，看到健康告知中询问"最近两年是否住过院，是否做过手术"时就勾选了"是"。保险公司在核保时，确认王先生已痊愈，并且没有留下后遗症，认为他发生重疾险相关的风险并没有因曾经骨折而增加。最后，王先生依然可以正常承保。

（二）延期承保

所谓延期承保就是保险公司经过核保认为被保险人当前的身体健康状况是不符合承保条件的，需要等到投保人恢复健康之后，经过医院复查没有任何健康问题时再去投保。

【案例1】

李先生想投保一份重疾险，而他前段时间因为患阑尾炎在医院接受了手术治疗，保险公司需要核保。保险公司在核保时发现李先生刚出院没多久，身体还没有完全康复，不符合承保条件。这样，李先生需要经过一段时间，去医院复查，证明身体完全康复了才能正常投保这款重疾产品。

〔**案例2**〕

付女士在怀孕期间被诊断患有妊娠期高血压，孩子出生后她想给自己买一份保险，在投保某重疾险时她如实告知了自己的病史。在提交核保后，核保人员提出延期观察一年，如果一年后血压恢复正常水平，她就可以按标准体正常投保。

（三）除外责任承保

当被保险人身体某一器官处于亚健康状况时，患跟这一器官相关的重疾的概率很大，但是除此之外，被保险人没有任何健康问题。这时，保险公司在评估他的健康状况之后，如果能免除当前处于亚健康的器官可能引发的重疾责任，那么针对其他方面的重疾，保险公司可以正常承保。

〔**案例1**〕

保险公司根据王先生提供的检查报告发现他患有乙肝"小三阳"，判断他发生急性或者亚急性重症肝炎等疾病的概率相当高。保险公司作了一个风险评估后，不愿意承保王先生这方面的重疾风险，如果王先生想投保，就要免除肝部疾病的责任，以后他因为肝部的疾病出险是不能正常获得理赔的，而其他部位的疾病出险则可以正常获得理赔。

〔**案例2**〕

32岁的林女士患有单纯性结节性甲状腺肿，她在投保某重疾险时如实告知病史。核保时，保险公司特别约定，与此相关的重疾不承担保险金给付责任。

（四）加费承保

加费承保是指保险公司经过核保愿意承保，但是被保险人的出险率比普通人高，所以要用比普通人高的费率进行承保，如多交 20% 的保费，那么，之后只要被保险人出险就可以进行理赔。

〔案例〕

> 李先生上个月体检时发现自己患有中度的高脂血症，保险公司进行了核保评估，认为他这种情况虽然会增加一些重疾险的风险，但还不至于到"拒保"的程度，所以同意李先生投保该产品，但是将费率上调。

（五）拒保

如果被保险人患有明显会增加所承保重疾风险的疾病，那么保险公司会发出拒保通知。

例如，不少人患有高血压，对于这种情况，保险公司一般会要求体检，对检查结果进行再评估并做出核保结果。

如果只是轻微高血压也许能顺利通过，但稍重一些的，则要根据高血压的程度核保，其结果主要有除外责任承保、加费承保、延期承保或拒保。

糖尿病是一种典型的"富贵病"，具有不可逆性，只要一经诊断，就不可能承保相关重疾险了。

如果真的因为健康原因被拒保了，我们也可以买一个告知条款宽松的理财保险，为自己存一笔风险准备金。

最后，我将五种常见的核保结果总结如下（见图 2-2）。

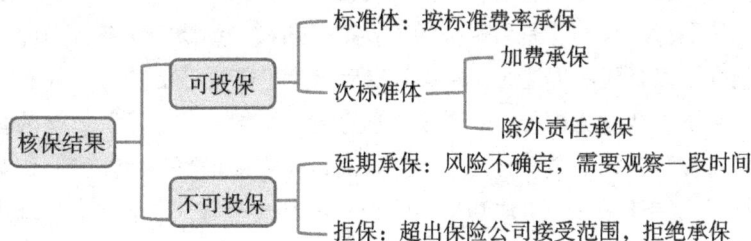

图 2-2　五种常见的核保结果

（六）有了健康问题后怎样争取投保机会

我们不妨尝试通过以下三种方式提高投保成功率。

1.同时投保多家公司

我们不排除有些疾病在大保险公司可能被拒保，而某个小保险公司愿意通过加费或特别约定的形式承保的情形。因为大公司要保障利润水平，有的小保险公司想提高某段时间的业绩，愿意接受利润稍低一些的业务。所以，如果我们发现自己有健康问题，不妨试着同时投保多家保险公司，哪个核保的结果对自己更有利就选哪家保险公司。

2.预核保

多数重疾险的健康告知中都有这么一条：被保险人是否曾被保险公司解除合同、拒保、延期、除外责任承保或有过任何形式的人身索赔。我们肯定不想留下拒保记录，又想提高自己成功投保的机会，因此我们可以试试预核保。预核保的好处就是能知道投保的结果，如果预核保被拒保，也不会保留记录，所以就不会影响未来的投保。但预核保并非每家公司都有，有一定的局限性。

3.先投保再体检

如果我们自己感觉身体可能有一些小问题，那么近期可以先不要着急体检，先投保一份合适的、不要求体检的重疾险，之后再去体检。

不同的保险公司对于同一种疾病的核保结果，是有可能完全不同的。对于同一种症状，有的保险公司会拒保，有的会加费，有的会按照标准体承保。

六、关于保险合同条款

保险合同是保险公司和消费者签订的协议，一旦生效，保单就具有了法律效力，无论是保险公司还是买保险的人，都必须按合约履行义务。因此，大家一定要认真阅读合同后再签约，以免等以后出险了需要理赔时出现问题。

保险合同一般分为两种。一种是纸质合同，一般在"线下"投保的客户都会收到一份保险公司的纸质合同，收到以后，还需要填写回执。另一种是电子合同，投保人在核保、扣费成功后会收到一份电子保单。电子保单和纸质保单具有同等的法律效力。但是，不管是纸质合同还是电子合同，我们在签订时都要注意以下几点。

（一）核实信息

1.确认人员信息

确认投保人、被保险人、受益人的基本信息是否正确。

（1）保险人和投保人

保险人又被称为"承保人"，是指与投保人订立保险合同，并承担赔偿或者给付保险金责任的保险公司。

而投保人是指交钱的那个人，投保人有义务按照保险合同缴纳保险费。

（2）被保险人和受益人

保险可以给自己买，也可以给家人买，如果你是为家人买，为谁买保险，谁就是被保险人。受益人可以是被保险人本人，也可以是指定的其他人。

如果被保险人还活着，无论是病了、残了，保险金都得赔给被保险人本人，被保险人本人就是受益人；如果被保险人不幸身故了，那么能够领取保险金的人就是受益人。

2.确认保险信息

确认缴费期间、保障时间、保障内容、保费金额等是否和投保时填写的一致。如发现问题我们要马上联系保险公司进行修正。

（二）明确保险责任和免责条款

保险责任和免责条款是最重要的。保险责任，即保险的保障范围和内容。我们要特别关注各个保险责任对给付时间、给付条件和给付金额的描述。

我们一定要仔细阅读"保险责任"和"除外责任"，如果看不懂，那么不妨打电话咨询保险公司，或者咨询专业人士。毕竟保险会陪伴我们许多年，我们必须为自己的未来负责。

（三）关键时期

1.犹豫期

犹豫期一般为10天或15天，投保人在此期间可以随时退保，保险公司会退还全部已缴纳的保费。我们都知道，退保对消费者来说，损失是非常大的。

但是如果在犹豫期退保，保险公司只会扣除工本费，如果被保险人进行了体检，则还要扣除体检费用。

不少消费者认为回访电话只是对服务态度的回访，实则不然。一部分代理人因害怕客户退保，不会特意提醒客户有犹豫期。在此，我郑重提醒大家，一定要重视保险公司的回访电话，应该抓住这个机会，明确自己的权益，在回访时进行核实，以保证合同能够满足个人和家庭的需要，为自己和家人提供一份周到的保障。

所以，我们要在收到保险合同的第一时间进行信息确认，一旦发现保单里的保障范围与代理人销售时的承诺有所出入，就可以趁着犹豫期及时退保，减少损失。

2. 观察期

观察期条款是健康保险合同（重疾险、医疗险等）特有的条款，在人寿保险、人身意外伤害保险合同中没有此项条款。观察期又称等待期，一般为 90 天或 180 天，是指从健康保险合同生效日开始后一定时期内，对被保险人因疾病所致的医疗费用支出、收入损失以及身故等保险事故，保险公司不承担责任。观察期结束后保险公司才按照约定的内容承担保险责任，因此，观察期也被称作免责期。

3. 宽限期

长期缴费的保险都有 60 天的缴费宽限期，这是法律明文规定的。所以如果大家忘记缴纳续期保费或者暂时没钱缴保费也不用担心，只要在 60 天内把保险费补齐，就对保单没有任何影响，如果不幸在宽限期内发生了风险，保险公司依然会承担保险责任。

4. 中止期

如果投保人忘记缴费时间已经超过了 60 天，那么保单就进入了中止期，中止期时间为两年。在中止期间保单相当于失效了，但是如果两年内投保人再补交保险费，那么保单就能"起死回生"，这被称为"复效激活保单"。

5. 终止期

如果投保人在两年内没有补交保险费，那么保单就进入了终止期，无法"复活"。

投保的关键时期如图 2-3 所示。

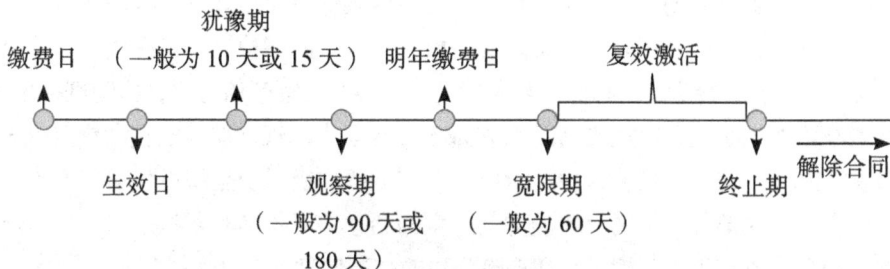

图 2-3　投保的关键时期

最后我提醒大家，千万别让人替你在投保单等合同文书上签名，这么做风险太高了，非常容易产生纠纷。根据《保险法》规定，必须本人签名，否则合同视为无效，而所有的保险公司的理赔，都是以保险合同为准的。

（四）重要数字

此外，我们还要注意以下几个重点数字。

保费：投保人每年交给保险公司的钱。

保额：风险发生后，保险公司要赔付的钱。

现金价值：投保人要求退保时，能退回来的钱。

七、关于现金价值

陈先生在 2009 年 1 月初通过保险代理人买了一款终身寿险产品，年缴保费 1 080 元，缴费期限为 20 年，现已缴纳 4 年，共计缴费 4 320 元。2019 年 2 月底，因为经济原因，他想解除保险合同。但保险公司的回复是按该款终身寿险产品现金价值表的标准，只能退还保费 2 600 元。那么，现金价值到底是什么？

（一）什么是现金价值

现金价值就是当我们退保时，能拿回来的金额。另外，只有长期型保险才有现金价值，一年期的消费险是没有现金价值的。

长期险一般采用均衡费率，所以我们每年缴的保费都是一样的，也就是说我们年轻的时候，死亡概率低，投保人缴纳的保费比实际需要的多，多缴的保费将由保险公司逐年积累。被保险人年老时，死亡概率高，投保人当期缴纳的保费不足以支付当期赔款，不足部分将正好由被保险人年轻时多缴的保费予以弥补。例如，我们在年轻时，出险概率低，应该缴的保费也少，应该缴的钱是自然保费（如100元）；我们年龄大了，身体各个器官开始老化，出险概率大，保费高（如1000元）。但是保险公司嫌这样算账太麻烦，就规定在缴费期内统一交500元，这就是均衡保费。所以一开始缴的均衡保费是超过你实际应该缴的保费的。这部分多缴的保费连同其产生的利息，每年滚存累积起来，就是保单的现金价值，相当于投保人在保险公司的一种储蓄。

保费与年龄的关系如图2-4所示。

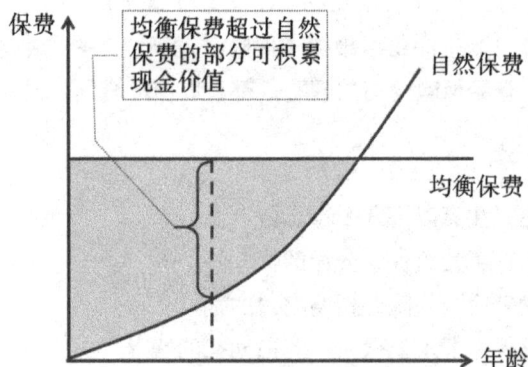

图2-4　保费与年龄的关系

（二）为什么前几年的现金价值这么低

保单的现金价值＝已缴保费－风险保费－佣金－管理费＋利息。前几年，保险公司会扣除支付给业务员的佣金、管理费，并且前期利息是很少的，所以前期现金价值非常低。

随着每年缴的保费不断增多，保险公司也不再向业务员支付佣金，再加上前期现金价值的利息滚存，以后的现金价值会逐渐增加，甚至出现现金价值超过所缴保费的情况。所以我们购买终身保险时须慎重，以免仓促投保，后期想退保的时候遭受较大的经济损失（见图2-5）。

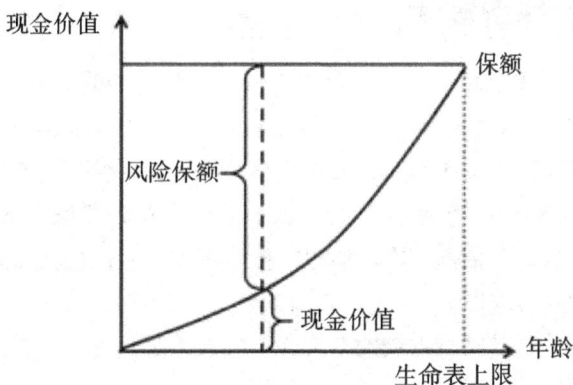

图 2-5 现金价值与年龄的关系

（三）现金价值的作用

1. 退保金

退保金就是退保时随时可以拿回来的钱，投保人按照现金价值领取退保金。

2. 保单贷款

一般具备保单贷款功能的保险单允许投保人贷款的最高额度是以现金价值为基数的。银保监会明确规定，保单贷款比例不得高于保单现金价值或账户价值的 80%。

保单贷款的优势是贷款利率与银行半年期贷款基准率相当，另外投保人续贷时可以只偿还利息，不用归还本金。因此，贷款本金可以长期利用，这对于投资来说是很不错的。

3. 分红

在分红保险合同中，投保人每年享有的分红是以现金价值为基准的。如果业务人员没有跟投保人讲解清楚，往往在分红的时候会引起纠纷和不必要的麻烦。

八、关于保费豁免

王先生在某保险公司购买了一份拥有保费豁免功能的保额为 60 万元的重疾保险，每年缴费 1.5 万元，要缴费 20 年。3 年后，王先生遭受意外导致轻微脑损，后来脑组织发生两次病变，演变成恶性脑瘤。保险公司前后赔付了 3 次轻症总共 54 万元和一次重症 60 万元，同时豁免了剩余还需缴纳 17 年的 25.5 万元保费，保险的保障依旧存在。所以，保险可以为我们提供保障，保费豁免可以帮我们节省一大笔资金。

目前很多保险产品都有保费豁免责任，好多人对此尚不明确。我们就详细谈一谈保费豁免。

（一）什么是保费豁免

保费豁免是指在保险缴费期，如果投保人或者被保险人发生约定的事情就不用缴续期保费，保单继续有效。

（二）保费豁免的分类

1. 被保险人豁免

单纯重疾险是指被保险人患了重疾，保险公司理赔，保险合同结束，停止缴纳保费。

还有一些消费者买的是以寿险为主险，附加重疾险，这样如果被保险人患了重疾，保险公司理赔后，保费就不用缴了，寿险的责任在合同期内还有效。

目前保轻症和中症的重疾险一般都会附带被保险人轻症和中症豁免。例如，一些含有轻症责任的重疾都自带轻症豁免责任。有个别重疾险含身故责任，重症、中症、轻症均可赔付多次，也同样自带重疾、中症、轻症豁免。也就是说，如果投保人罹患合同中豁免疾病，则不必再缴纳后续保费，保障继续有效。

我建议大家只要能选缴费期限为 30 年的就不要选 20 年的，因为缴费期限越长，每年所缴保费就越低，杠杆越高。并且如果缴费期内患病，后面的保费都不用缴了。所以缴费期限为 30 年的保单对大家非常有利，这是保险公司给大家的"福利"。

2. 投保人豁免

投保人豁免一般采取附加险的形式，投保人可自由选择，但需要另外花钱。投保人豁免适用于投保人和被保险人不是同一个人的情况，如为子女、配偶或父母投保。

例如，欧阳女士给自己的女儿购买保险，那么欧阳女士就是投保人，女儿是被保险人。在购买保险的时候有"投保人豁免"就意味着如果在缴费期间欧阳女士不幸发生约定的风险（如轻症、重疾、全残、身故），就会豁免这份保险后续的保费，保障继续有效。这样设计很人性化，也很贴心，相当于给保单上了一重保险，把投保人也给保护了起来。

当然，既然投保人豁免，那么对投保人的健康状况也有要求。例如，有的保单可以附加投保人豁免责任，但需要自己花钱。当投保人患合同约定的轻症、中症、重疾或身故时，可豁免后续保费。同样购买时，针对投保人也有一份简单的健康告知。如果不符合要求，就无法附加投保人豁免。一般来说，投保人豁免主要适用于以下两个场景。

（1）为孩子投保：父母给孩子买保险，就可以附加投保人豁免，如果父母不幸发生风险（轻症、重疾、全残、身故），那么对孩子的保障还在，但不用再缴费了。

（2）夫妻互保：夫妻互保就是夫妻互为投保人。只要有一方发生了上述豁免事项的风险，则双方的后续保费就都不需要再缴了。

〔案例1〕

我的一个客户于 2016 年给自己和女儿买了重疾险，她不幸在 2018 年年初罹患甲状腺癌症。若她选择的是趸交（一次性缴清全部保费），就无法享受保险公司给的豁免福利。而她选择的是 20 年缴费期，不但得到了 50 万元的理赔金，而且不用缴未来 18 年的保费（自己的和女儿的）了。这样计算下来，她每年节省了将近 2 万元的保费，18 年就会节省将近 40 万元的保费。因此，拉长缴费期可以缓解每期缴费的压力，也可以将杠杆作用发挥到极致。

〔**案例2**〕

夫妻互保还是有风险的。因为既然是豁免后续保费，那自然是缴费期越长越好。缴费期怎么也要选20年或30年。在这么长的时间内，有可能发生变故。消费型保险的杠杆本来就较高，如果有了保费豁免责任，保障中途触发了豁免条款，就相当于进一步增加了保险杠杆。

一对夫妻分别作为投保人给对方买了重疾险，保额为100万元，每年保费各为1万元，缴费30年。缴费期间若丈夫得了轻症，由于附加了投保人轻症豁免，妻子的那份保险就不用继续缴费了，保单依然有效。同时，由于重疾险还自带了被保险人轻症豁免，丈夫的这份保单后续的保费也就不需要缴纳了。也就是说，夫妻双方，在一方发生轻症或者重疾的情况下，两份保单都不需要继续缴费，保单继续有效。

九、关于保险受益人

受益人是指保险事故发生后领取保险金的人。既然我们买了保险，自然会关心保险理赔的问题。下面，我跟大家分享一下受益人的设定，这对能否快速获得理赔金有重要意义。

（一）不同的保险，受益人不同

很多人对理赔的认识还比较模糊，只知道符合合同约定就会赔，但是钱赔给谁可能并不是很清楚。实际上不同类型的保险，对理赔金的给付是有不同规定的（见表2-4）。

表2-4　不同类型的保险对理赔金的给付要求

	保险责任	理赔种类	赔给谁
寿险	身故	身故保险金	受益人
年金险	生存	生存保险金	被保险人
重疾险	身故	身故保险金	受益人
	重症/中症/轻症	重疾保险金	被保险人

（续表）

	保险责任	理赔种类	赔给谁
意外险	身故	身故保险金	受益人
	残疾	伤残保险金	被保险人
	意外医疗	医疗费用报销	被保险人

我们可以清晰地看到，就算买了重疾险，受益人写的是其他人，罹患重疾的理赔金还是会给被保险人本人的。相似的还有意外险，只要被保险人还活着，理赔金都是给被保险人本人的，只有被保险人身故，才会赔给受益人。

（二）如何设定保险受益人

身故受益人有两种情况。

1. 指定受益人

如果合同里的指定受益人发生了保险事故，那么保险公司会迅速理赔，因为这类保单非常简单明了，钱给谁、给多少都是确定的。

2. 法定受益人

合同中没有指定受益人的，按照法律规定的继承顺序，由法定受益人领取理赔金。《中华人民共和国继承法》（以下简称为《继承法》）第十条规定，遗产按照下列顺序继承：第一顺序为配偶、子女、父母；第二顺序为兄弟姐妹、祖父母、外祖父母。发生继承的场合，将由第一顺序继承人继承，没有第一顺序继承人继承的，由第二顺序继承人继承。

如果是法定受益人，需要提供如下资料才能顺利得到理赔。

一是身份关系证明：如果是第一顺序继承，需要提供继承人的关系证明。如果继承人的父母不在了，还需要提供死亡证明。

二是受益人身份证原件和受益人的银行账户。

为保证理赔金正确发放，在投保时就应设置好保险受益人，避免后续的一系列麻烦。例如，网购的保险产品，通常默认为法定受益人，如要更改受益人，可让保险公司把法定受益人改为指定受益人。

〔案例〕

老板胡某的妻子李某为家庭主妇，无固定收入。胡某有两个孩子，资产颇丰，欠银行贷款2 200万元。2014年5月，胡某意外死亡，银行在对其债务追缴的过程中发现，胡某的主要资产被全部执行后不足以偿还银行贷款，尚欠1 000万元。

胡某早年在保险公司买了6份寿险保单，赔款共计700多万元。银行将李某诉至法院，主张该赔款必须用于偿还银行贷款但最终败诉。

该案例作为保险"避债"的经典案例被广泛流传。殊不知在这个案例中，胡某在指定身故受益人的时候，稍有不慎就无法起到保全作用，常见的错误安排有以下几种。

第一种错误安排：未明确指定身故受益人，或者原身故受益人死亡后，未及时重新指定身故受益人。

如果胡某未明确指定身故受益人，则根据《保险法》第四十二条的规定，700万元赔款将作为胡某的遗产，由胡某的妻子及两个孩子平分，法定继承。

《继承法》第三十三条规定，遗产继承人应当清偿被继承人依法应当缴纳的税款和债务，所缴纳税款和清偿债务以遗产实际价值为限。超过遗产实际价值的部分，继承人可自愿偿还。

因此，受益人必须先清偿胡某欠银行的债务，剩余部分才可以继承，否则保全作用无法实现。

第二种错误安排：指定其妻子为第一顺位受益人，未指定第二顺序继承人，或者指定其两个儿子为第二顺序受益人，这种错误极为常见。

胡某所欠银行债务既然要用其全部家庭资产偿还，说明该债务肯定属于夫妻共同的债务，要由夫妻共同偿还，夫妻双方负有连带清偿责任。因此妻子李某对丈夫胡某所欠银行债务负有连带清偿责任。妻子李某作为胡某的身故受益人取得的保险金不属于胡某的遗产，故而不需要用保险金清偿胡某的债务。

《保险法》第四十二条及《保险法》第二十三条规定，任何单位和个人不得非法干预保险人履行赔偿或者给付保险金的义务，也不得限制被保险人或者受益人取得保险金的权利。

　　但是，李某取得 700 万元保险金后，银行可要求李某承担其丈夫胡某所欠债务的连带清偿责任，从而妻子李某必须清偿其自身负有的连带债务，保全作用无法实现。

　　正确安排：指定胡某的两个孩子为身故受益人。当指定其两个未成年孩子为身故受益人时，胡某死亡后，根据《保险法》第四十二条及《保险法》第二十三条规定，700 万元作为胡某的遗产，由两个孩子直接取得；此时虽然妻子李某作为两个孩子的监护人拥有对该财产的实际掌控权，但因其财产权为两个孩子所有，而孩子不需要承担其父亲胡某所欠的银行债务。

　　很多企业家或者生意人都采取夫妻共同经营的模式，而对于经营所导致的债务风险往往很难防范。对于个体经营和个人独资企业，夫妻显然要对公司负无限连带责任。

　　而常见的有限责任公司往往也会由公私财产不分、用个人账户收取企业经营款、连带担保等原因导致夫妻一方必须对企业承担无限连带责任，这种情况在企业家中极为普遍。当发生严重债务风险时，家庭财产往往会被抵债。

　　因此，我们在使用人寿保险保全家庭资产时，除了要合理地安排投保人、被保险人、保险公司所属司法管辖区之外，在指定身故受益人时，必须遵循身故受益人是不承担连带责任的人（如未成年子女、孙子女或非家族企业股东且与企业没有财务瓜葛的成年子女、孙子女等）这一重要原则。

第三章

如何为自己买保险

3

　　我国的保险行业比较"年轻"，只有 30 多年的历史。随着时代的发展，很多人慢慢接受了保险，并且愿意相信保险。然而，当我们第一次接触到保险时，我们的第一反应可能是不知道该怎么买。琳琅满目的保险产品以及各种宣传海报也许让你心动，但是，它真的是你需要的吗？如何确定自己的需求，选择自己真正需要的保险产品是十分重要的。

一、成年人买保险的原则

（一）量入为出

　　在选购保险产品之前，我们要对家庭固定和浮动的经济收入进行分析，评估家庭的支付能力，避免盲目投保，影响生活质量。

（二）避免保单的重复

　　在对个人和家庭需要的项目进行全面分析之后，我们还需要根据保险公司提供的保险计划进行合理安排，避免各个单独保单之间可能出现的重复，从而节省保险费，得到较大的费率优惠。例如，如果我们需要经常出差，那么就应该买一份综合性的人身意外保险，而不应该多次购买乘客人身意外保险。这样做有两个好处：第一，节省保费；第二，被保险人在任何其他时候和其他情况下出现人身意外都会得到赔偿。

（三）避免盲目购买

　　在进行保险产品的购买时，我们要"货比三家"，因为即便是同样的保险产品，在不同的保险公司，其保障范围、核保条件、领取条件等方面也不尽相同。投保人在投保之前可以登录保险公司的相关网站了解情况，也可以向身边的专业保险经纪人或代理人咨询，对各家保险公司的产品进行比较，选择适合自己的产品。

（四）仔细研读保险条款

　　在投保之前，投保人需要明确保险条款的内容，尤其是保险责任和责任免除这两大部分内容。投保人应了解该保险的保险责任是什么、怎么缴费、如何获益、有无特别约定等情况，从而避免在理赔时因没看清条款内容而发生纠纷。投保人所购买的保险是否合适跟保险公司的大小没有关系，再大的保险公司，如果没有相对应的条款内容支撑，那么即便被保险人出了事故，保险公司也不会赔偿。

二、如何合理配置保险

第一次买保险的消费者最好先对家庭的"经济支柱"进行保障。那么，家庭的"经济支柱"到底应该配置哪些保险呢？

在此，我想特别提醒大家，如果你自己没有购买任何商业保险，无论你给父母、孩子买再多的保险都起不到太大作用，因为一旦你出了事，父母和孩子就会承担沉重的经济负担。谁为他们缴纳保单后续费用？如何解决他们以后的生活费用？

我们要明白，当自己成了一家之主时，整个家庭的重担都会压在我们身上，因此，我们只有先把自己保护好，才能更好地保护家人。而对于正值壮年的家庭的"经济支柱"来说，他们要面临的问题主要是疾病风险和身故风险。

为家庭中各类人配置保险的方案如表 3-1 所示。

表 3-1　保险配置方案

分类	险种		未成年人			成年人			老年人		
			最低	标准	高级	最低	标准	高级	最低	标准	高级
保障保险	意外险		√	√	√	√	√	√	√	√	√
	医疗险		√	√	√	√	√	√	√	√	√
	重疾险	一年期				√					
		定期	√				√				
		终身		√	√		√	√			
	寿险	定期									√
		终身						√			√
	防癌险	一年期							√		
		定期								√	√
		终身								√	√
理财保险				√			√				

（一）最低配置："意外险 + 医疗险 + 一年期重疾险"模式

最高理想配置无上限，只有最低配置才是我们基本保障的底线。如果我们的预算低于最低配置保额，那么说明我们的保额配置不够。标准配置可浮动空间大，在预算非常有限的情况下，如何合理地利用资金，尽可能地获得最大保障，是我们的主要目标。我们将以下三种保险产品进行搭配，可以在尽量满足基本需求的前提下，把预算降到最低。

意外险：大多数家庭的"经济支柱"都比较年轻，身体素质好，即使生病，治愈率也比较高，如果不幸身故，原因多为意外。因此，当我们的预算不足以购买一款保额足够的寿险时，我们可以先选择一款保额足够的意外险。另外，一定要附加意外医疗条款。

医疗险：我们在买医疗险时，应尽量选择高保额的，如百万医疗险。有些人可能认为，百万医疗险的免赔额门槛比较高。我们可以换个角度来看，一旦我们得了重大疾病，治疗费至少为几十万元，家庭将面临巨大的经济压力。因此，在预算有限的情况下，我们更需要购买高保额医疗险。

一年期重疾险：长期型重疾险的价格比较高，在经济条件有限的情况下，我们可以暂时先买一年期重疾险。与其购买一款 5 万元保额的长期型重疾险，不如购买一款 50 万元保额的一年期重疾险。因为后者的"杠杆高"，其保障更让人安心。一年期重疾险产品在重疾保障方面和长期型重疾险类似，其缺点是被保险人一旦出险，以后就不能再买重疾险了。

（二）标准配置："意外险 + 医疗险 + 定期（或终身）重疾险 + 定期寿险"模式

重疾险：当我们具备一定的条件时，要及时购置重疾险。重疾险是很重要的，随着年龄的增长，我们的身体机能会逐渐下降，没有人敢保证自己永远不会生病。

一旦家庭的"经济支柱"罹患重疾，在其生病期间，家庭不仅会失去经济来源，而且要承担高额医疗费用，以及后续的康复疗养费用等。因此，我们只要还能负担保费，就应该配置足额的重疾险。

至于要选择定期型还是终身型重疾险，就在于个人的偏好了。没有人知道自己什么时候会生病，因此我们应尽可能地选择保障期限长的保险产品。如果我们觉得经济压力大，那么我们也可以选择"定期型重疾险＋终身型重疾险"搭配的模式。这样，我们既能享受完善的保障，又能少交保费。

定期寿险：如果家庭的"经济支柱"不幸去世，其家庭成员就断了生活来源。我们需要一款保险产品来帮助他们度过这段时期，开启新的生活。我们可以选择定期寿险，保至60岁。60岁之后，家庭责任已经落到下一辈身上了，即使我们身故，也不会在经济上给家庭带来太大的损失。

（三）高级配置："意外险＋医疗险＋终身重疾险＋定期（或终身）寿险＋理财保险"模式

终身重疾险：如果我们有条件，那么最好配置终身重疾险，因为对于消费者来说，我们一旦罹患重疾出险，以后就再也不能买重疾险了。我们最好购置含有轻症保障的多次赔付重疾险。

经济条件较好的消费者应尽量把重疾险的保额做高。因为，如果你选择在国外治疗重病，那么你需要花费巨额医药费，有时甚至需要花费上百万元，而能通过医疗险报销的费用却十分有限。

终身寿险：在经济条件允许的情况下，我们最好购买终身寿险，并把保额做高。但是，其前提是优先把重疾险的保额配置充足。我们在这个阶段购买终身型产品（无论是重疾险还是寿险），可以购买的保额都比较高，并且价格也比较合适。我们买得越晚，保费会越高，同时还可能有最高保额限制。

理财保险：在做足保障保险的前提下，我们可以通过买年金险或固定增额终身寿险为养老做准备。

我们不能等老了才买养老保险。目前，在我国，男性60岁退休，女性55岁退休，我们将有二三十年的晚年生活。如何安享晚年是每个人尤其是中老年人必须考虑的事。一般来讲，我们在35岁至40岁甚至更早时买养老保险比较合适，因为时间越长我们就越能感受到复利的威力。

三、离婚后如何处理保单

有一次，我的一名学员跟我说："胡老师，我离婚了，但是我在婚姻期间买了很多保单，这些保单该如何处理？"

（一）几种处理保单的方法

处理保单的方法比较复杂，因为长期保险和房贷一样，都设有缴费期，并且也存在父母给自己投保的情况，接下来我们进行分类梳理。

1. 父母为自己买的保险

（1）如果婚前已经缴清了所有的保费，那么离婚后属于一方个人财产。

（2）如果婚前保费未缴清，婚后继续由该父母缴纳（父母为投保人），那么离婚后也属于一方个人财产。

2. 自己为自己买的保险

婚后自己作为投保人为自己投保人身保险，婚后继续缴纳保费（如从自己的工资中支出费用），离婚后：

（1）对方不知情，发生理赔：保险金给受益人，分割财产时其可以就该笔保险保费进行合理补偿；

（2）对方知情，发生理赔：保险金给受益人，视为对其的赠予；

（3）投保人继续投保：投保人应支付现金价值的一半给对方。

〔案例〕

小李婚后在未告知妻子的情况下，每年花费 1 万元为自己投保了一款终身寿险，保额为 50 万元，受益人为小李的母亲。如果小李离婚时该保险未到期也未理赔，那么小李的妻子可主张该保单现金价值的一半作为补偿；如果因小李意外身故，保险公司理赔 50 万元，那么该 50 万元属于小李的母亲，但小李的妻子并不知道小李买了保险，妻子可主张在分割财产时就该笔保费的投入进行合理补偿。

3. 自己为对方买的保险

夫妻一方为投保人，另一方为被保险人，退保后会出现以下情况：

（1）现金价值一人一半，因为获得保单现金价值和分红是投保人不可剥夺的权力，所以投保人对保单的现金价值有处分权，也就是说其有退保的权利，但是要分一半的现金价值给对方；

（2）协商更换投保人，并支付一半的现金价值给对方。

4. 夫妻互保的保险

（1）更换投保人，支付相应保险现金价值的一半给对方。

（2）继续互相投保。

5. 夫妻为子女买的保险

保险视作对子女的馈赠，不必分割。

除了投保人和被保险人身份的不同会导致保险的不同分割形式以外，我们还要注意以下几点。

（1）夫妻一方作为受益人获得的意外、人身伤害保险金归一方所有。

（2）夫妻一方作为受益人获得的以死亡为给付条件的保险金归一方所有。

（3）夫妻一方获得的以生存到一定年纪为给付条件的具有现金价值的保险金属于夫妻双方共同财产。

（4）如果婚前一方投保，那么婚后其领取的保险金应当平分，如年金险。

总而言之，我们可以认为身故保险金属于一方私有财产，生存保险金属于双方共同财产。

（二）保单分割，角色变换

如果有指定的受益人，那么一般不需要进行调整；如果只有法定的受益人，那么我建议重新设置指定受益人。确定受益人其实很重要，但是很多人容易忽视这一点。

关于受益人，我们需要注意以下几点。

（1）让更多人知道保险的存在。例如，夫妻双方同时身故，受益人是孩子，而孩子并不知道保单的存在，其他家人也不知道，不会主动申请理赔，那么保险公司也无法知道此事件，这样受益人就可能得不到理赔。

（2）受益人先于投保人和被保险人身故，在这种情况下，我们要及时更换受益人，否则就默认为法定受益人。

（3）在有受益人的情况下，向受益人支付保险金，保险金不作为被保险人的遗产，其债权人无请求权。

（4）在没有指定受益人或受益人指定不明确的情况下，被保险人死亡后，保险金将作为被保险人的遗产被分配。

如果受益人约定为"姓名＋身份关系"，那么事故发生时身份关系发生变化的，认定为未指定受益人。

如果受益人仅约定为"身份关系"，那么投保人与被保险人为同一人的，按事故发生时与被保险人的身份关系确定受益人；投保人与被保险人不为同一人的，按投保时与被保险人的身份关系确定受益人。

〔案例〕

小李与小韩离婚后，与现任妻子小刘结婚；小李意外身故，遗物中有一份以其为被保险人的终身寿险，该保单投保于小李和小韩婚姻关系存续期间，其主要内容如表3-2所示。

表3-2　保单受益关系

投保时约定受益人	出险时受益人认定		保险金给付
配偶小韩 （姓名＋身份关系）	没有指定受益人		作为小李的遗产
配偶 （仅身份关系）	小李 为自己投保	小刘（现任） 出险时的配偶	小刘
	小韩为小李投保	小韩（前任） 投保时的配偶	小韩
小韩 （仅姓名）	小韩		小韩

（5）受益人先于被保险人死亡，没有其他受益人的，被保险人死亡后，保险金视为被保险人的遗产。

受益人与被保险人在同一事件中死亡，且不能确定死亡先后顺序的，推定受益人死亡在先。

（6）受益人依法丧失受益权或放弃受益权，没有其他受益人的，被保险人死亡后，保险金视为被保险人的遗产，如果受益人故意制造事故，那么该受益人丧失受益权。

第四章

如何为孩子买保险

4

父母总想把最好的东西留给孩子。父母在给孩子买保险时，都想买"全"的，想给孩子全方位的保护。很多人利用了这种心理，向家长销售又贵又不合适的产品。如何为孩子买保险，是很多家长面临的难题。因此，我们在为孩子购买保险之前，还需要了解一些关于保险的基本内容。

一、为孩子买保险的原则

我的学员在为孩子购买保险的过程中，经常会遇到一些类似的"难题"，我们可以通过下面两个案例体会一下。

〔案例1〕

学员A：我刚生了宝宝，想为她买一份教育金保险，有没有合适的产品？

我：其他保障型保险（重疾险、医疗险、意外险等）都配齐了吗？

学员A：先买一份教育金保险再说不行吗？

〔案例2〕

学员B：我的宝宝5岁了，您能否推荐适合他的重疾险和寿险？

我：家长的保障保险都配置了吗？

学员B：没有呀，孩子优先，我想给孩子先买。

上面的两个案例充分说明了父母在给子女选购保险时存在一定的误区。

首先，很多父母首选为孩子购买教育金等理财型保险。在基本保障都已基本配置的情况下，家长为孩子买教育金保险完全没有问题；在基本保障都没有配置的情况下，万一孩子发生意外，其风险还得自己扛。

其次，很多父母都是只给孩子配置了保险，完全没有考虑自己，殊不知自己才是家庭收入的主要贡献者，是孩子最大的依靠，所以应该先为自己配置保险。当然，在家庭预算不足的情况下，用较少的钱先给宝宝配置足额保险以转移家长的收入损失也是完全可以的。

总之，父母要学会判断：哪些保险该买，哪些保险不该买；哪些保险要先买，哪些保险要后买。下面，我将和大家分享为孩子购买保险的一些基本原则。

（一）先为家长买，再为孩子买

保险保障的首要对象应该是家庭的"经济支柱"，也就是家里赚钱最多的人。因为当家里赚钱最多的那个人不幸身故或罹患重疾时，家属会面临没钱生活、没钱上学等困境。如果事先有所安排，那么人在不在都能够让这个家正常运转，家属也能继续生活，这就是保险最主要的保障功能。所以，我们在给孩子买保险前先想想是否需要先为自己买保险，千万不要本末倒置。

（二）先买保障类保险，再买教育理财类保险

我们应该先为孩子买保障类保险，而不应该先为孩子买教育理财类保险。因为保险最大的意义就是转嫁家庭可能面临的财务风险。和成年人相比，儿童的重疾治愈率更高，其康复的机会更大，但是治疗成本却一点也不少。我们在设置保额时仍然需要考虑三点，即治疗费用、康复费用以及家人专职陪护所导致的收入减少。

除了重疾险以外，我们还可以考虑购买意外医疗险，之后再考虑教育金、储蓄理财等险种。我们在选择教育金保险时，不要只比较收益，因为买保险的最终目的不在于收益，而在于用现在的钱锁定将来的稳定的现金流。

（三）加强专项保障力度

儿童高发的疾病种类与成年人的有所区别，例如，儿童白血病发病率很高，而成年人白血病发病率则没那么高。因此，部分保险产品会在儿童保障条款中加入白血病多倍给付内容，这是对孩子的"多重保护"。实际上，白血病属于恶性肿瘤，是重大疾病保险中的第一个重疾，也就是说重疾险都保白血病，只不过有的保险产品针对这个病会加倍赔付（如赔付两倍或三倍保额）而已。同理，所有的防癌险也都包含白血病给付。

单独的防癌险自然比重疾险便宜一些，但其保障范围比重疾险小。我们可

以搭配购买重疾险和防癌险，因为用这种方式购买比都买重疾险所缴纳的保费低，而且一旦罹患癌症，也能得到加倍赔付。

（四）灵活设置保险时间

对于该为孩子买为期多久的保险，不同的人有不同的看法。有的人认为，儿童保险的保费便宜，核保通过率高，应该买"终身险"；有的人认为，买为期二三十年的保险就可以了，等孩子长大成人了再补充；还有的人认为，自己的保险尚未配备完备，为孩子买一年期的就可以了。

当然，如果经济条件允许，那么我们自然要买"终身险"，但是如果经济条件不允许，那么我们买中短期的保险也未尝不可。我建议大家可以将长期、中期、短期的保险相结合——长期的买"终身"，中期的买到孩子二三十岁，短期的买一年。

（五）投保人豁免很重要

保费豁免是指某种状态下，不用交保费，保单继续有效，所保障的利益不受影响。我们可以加付少量的钱以获得保费豁免权。

具体来说，父母给孩子买了重疾险或其他险种，如果父母遭遇合同中包含的事故，那么其后续的保费就不需要交了，对孩子的保障不受影响。因此，父母在给孩子买保险时，应尽量附加保费豁免条款。这相当于为保险买了一个保险，即我们所说的"双保险"。

（六）不能忽略社保

我们也不要忽略国家给孩子提供的社会保险保障。我们每年花很少的钱，就可以给孩子"上社保"。各位家长别忘了在宝宝出生90天内为宝宝办理社保，如果错过了就只能等来年再办了。

当然，社保具有限制性，如有起付线、保险比例和封顶线等限制。另外，在进口药物和进口器材上的很大一部分花费是不能报销的。因此，我们只有将社保、商业保险搭配起来，才能做到更加周全的保障。

（七）不着急购买寿险产品

我们不用着急为孩子购买寿险。寿险的主要受众是家庭的"经济支柱"，这类人如果不在就不能赚钱了，他们对家庭经济有重要的影响。而孩子万一出现这类风险，对家庭经济并不会带来很大影响。

为了保护儿童，防止道德风险，银保监会对未成年人的寿险风险保额有以下规定：不满 10 周岁的未成年人死亡保险金额上限为 20 万元；已满 10 周岁但未满 18 周岁的未成年人死亡保险金额上限为 50 万元。这个规定是针对寿险的，重疾险保额不受限制。

二、孩子需要什么样的保险

接下来，我们来谈一谈一般情况下孩子到底需要什么保险。

（一）少儿医保

少儿医保是国家对少儿最基本的保障，家长务必为孩子"上社保"。各地的社保政策有所不同，家长可以咨询当地的社保局或者居委会。

住院医疗对各级医院报销有比例限制且自费药不在报销范围内，但其价格便宜又允许带病投保，我们也务必参保。

（二）医疗险

有人说："我都给孩子上了社保了，还需要买医疗保险吗？"在此，我想讲一讲医疗险的作用。医疗险可以补充少儿医保及重疾险不能报销的医疗费用，如医保报销比例以外的费用、进口药费用、非重疾类疾病住院费用等。

目前市场上的医疗险主要分为以下几种（见表 4-1）。

表 4-1　医疗险种类及内容

医疗险种类	保险范围	报销限额	报销比例	免赔额	门诊责任	就医医院	年度保费（0 岁儿童）
小额医疗险	合理医疗费用（含自费药）	1 万元~2 万元	50%~90%	0	不含	公立医院普通门诊	几百元
百万医疗险	合理医疗费用（含自费项目）	100 万元起	100%	约 1 万元	不含	公立医院普通门诊	几千元
中端医疗险	合理医疗费用（含自费项目）	100 万元起	100%	0（或自选免赔额）	可附加	公立医院（含特需、国际部）及部分私立医院	几千元

（续表）

医疗险种类	保险范围	报销限额	报销比例	免赔额	门诊责任	就医医院	年度保费（0岁儿童）
高端医疗险	合理医疗费用（含自费项目）	1 000 万元起	100%	0（或自选免赔额）	可附加	所有医院	几万元

至于我们选择哪种医疗保险，要看自己的就医习惯：平时经常去公立医院普通部看病的人可以购买小额医疗险或百万医疗险；经常去特需部或国际部看病的人可考虑中端医疗保险；经常去高端私立医院看病的人可考虑高端医疗保险。

婴幼儿住院治疗的概率远高于中青年，因此我们应该尽量为其选择没有免赔额或免赔额不高的医疗险，如小额医疗险、百万医疗险，或"0免赔"的中端医疗险。

对于5岁以上的未成年人，其住院治疗的概率大大降低。我们可以考虑用相对小额的保费覆盖可能的大额医疗开支，免赔额高一些也无妨，百万医疗险即可基本满足我们的需求。

（三）学平险

经常有朋友问我："我的孩子刚刚上小学，听人说在校学生可以购买学平险，到底什么是学平险？它能为我们提供什么样的保障呢？"

学平险的全称是"学生平安保险"，属于人身意外伤害保险的一种。我建议家长为达到入学年龄的少儿购买学平险。这种保险往往由学生入学时自愿投保，由学校代为收取保险费。学生只需缴纳几十元至几百元的保费就可以获得包括意外身故伤残、意外伤害医疗以及住院医疗在内的多项保障。简而言之，学平险是意外险和医疗险的结合。

学平险最大的特点是保费较低而保障范围较为广泛，比较适合未成年学生。各个保险公司一般都制定了不同的学平险条款，但差别并不大。

关于学平险，大家需要注意以下几点。

（1）注意报销范围，一般学平险仅限医保内报销，且有医保和无医保的报销比例和免赔额是不一样的。

（2）注意是否含有身故保障。在此，我再提醒大家一下，银保监会规定不满 10 周岁的未成年人身故赔偿最高为 20 万元,已满 10 周岁但未满 18 周岁的未成年人身故赔偿最高为 50 万元。因此,我们不必购买太高的额度。

(四)儿童意外险

儿童意外险按照保障期限主要分为以下三类。

短期意外险:保险期限往往只有几天甚至更短。家长一般在外出旅游时会为孩子购买一份此类保险,以规避旅途中的各种风险。

一年期意外险:这是最常见的一类意外险,多为消费型,保险期限为一年,无返还。

多年期意外险:多指长期返还型意外险,交 10 年保费,保 30 年,到期返还 110% 至 120% 的保费。

我建议家长优先选一年期、消费型、综合型意外险。因为此类产品便宜,购买方便,买一年保一年,不存在续保问题。一年后市场上出现更优秀的产品时,我们可以及时更换。另外,与单项意外险(如交通意外险)相比,综合型意外险包含生活中绝大多数意外,其保障更全面。

(1)适当提高意外伤害(身故/伤残)保额

买保险就是在买保额,我建议大家把意外伤害保额设定在 10 万元以上。意外险保额包括主险意外伤害保额、意外身故保额、意外伤残保额。儿童意外险常见的意外伤害保额有 5 万元、10 万元、20 万元、50 万元、100 万元。下面的这款产品就有四档保额可供我们选择(见表 4-2)。

表 4-2　儿童意外险保额

保险利益	保险金额			
	计划一	计划二	计划三	计划四
身故/意外伤残	10 万元	20 万元	50 万元	100 万元

〔案例〕

小宝今年 9 岁,小宝妈妈给他买了一款意外险产品,其意外伤害保额为 10 万元。

①第一种情况：如果小宝发生意外身故（死亡）了，保险公司会一次性赔付 10 万元。

为了防范道德风险，银保监会对未成年人死亡给付的保险金有明确的限额规定，即不满 10 周岁的未成年人身故赔偿最高为 20 万元；已满 10 周岁但未满 18 周岁的未成年人身故赔偿最高为 50 万元。

②第二种情况：如果小宝发生意外，没有身故，但伤残了，保险公司会按伤残比例赔付。

伤残赔付的比例根据伤残级别确定，伤残级别的判定标准是统一的，按其严重程度分为 10 级，第 1 级赔付 100%，第 2 级赔付 90%，以此类推，第 10 级赔付 10%。

伤残赔付详情如表 4-3 所示。

表 4-3　伤残赔付详情（分级别）

伤残级别	赔付比例	实际赔付金额（以 10 万元保额为例）	病例
第 1 级	100%	10 万元	颅脑损伤导致植物状态
第 2 级	90%	9 万元	二肢完全丧失功能
第 3 级	80%	8 万元	舌缺损大于全舌的 2/3
第 4 级	70%	7 万元	双手完全缺失
第 5 级	60%	6 万元	一肢完全丧失功能
第 6 级	50%	5 万元	舌缺损大于全舌的 1/3
第 7 级	40%	4 万元	腹部损伤导致胃切除（≥50%）
第 8 级	30%	3 万元	语言功能完全丧失
第 9 级	20%	2 万元	胸部损伤导致肋骨缺失（≥4 根）
第 10 级	10%	1 万元	口腔损伤导致牙齿脱落（≥8 枚）

在我们的生活中，意外致残的概率远大于意外死亡。因此，我们到底应该买多少保额？要不要购买超过身故保额上限（20 万元 /50 万元）的意外险？这取决于父母是否愿意付出额外的保费来规避孩子可能遇到的严重意外伤残的风险。不过，无论如何，意外伤害保额都要设定在 10 万元以上。

（2）优选高保额、0免赔额、100%报销、不限在医保范围内报销的产品

孩子一般都活泼好动，因此我们有必要为其购买一份意外医疗险。

意外医疗险是"实报实销"，我们在投保时应优选高保额、0免赔额、100%报销、不限在医保范围内报销的产品。高保额是指报销封顶线高；0免赔额是指0元起赔；100%报销是指起赔线以上的花费都能报销；不限在医保范围内报销是指对于医保不报的自费药也能报销。

（3）优选有意外住院津贴、附加合适的增值保障的产品

意外住院津贴可以补偿一定的住院费、家长陪护的误工费等。

有些意外险会附加增值保障，如监护人责任（也称作"第三方责任"），即当你的孩子给别人带来意外伤害时，保险公司会代替你进行赔偿。

其他附加项目，如走失慰问金、法律费用、接种意外等，都属于"锦上添花"的项目。如果价格不太高，我们也可以选择购买。

（五）重疾险

少儿重大疾病保险是指由保险公司经办的以特定重大疾病，如恶性肿瘤、心肌梗死、脑溢血等为保险对象，保障群体为少年儿童的险种。当被保险人患有保险合同内约定的某种重大疾病时，由保险公司按照合同约定给予补偿的商业保险行为。

当前，少儿重大疾病保险按照性质可以分为医保少儿重大疾病保险和商业少儿重大疾病保险两大类。医保少儿重大疾病保险具有社会保障性质，在报销费用、用药范围、诊疗项目以及医疗服务设施等方面设有很多限制，而且其保障范围比较小，只能进行基础性保障。而商业少儿重大疾病保险却可以很好地弥补医保的不足：一方面能为被保险人支付因疾病或手术治疗所花费的高额医疗费用；另一方面能在被保险人患病后为其提供经济保障，尽可能地避免被保险人的家庭在经济上陷入困境。

所以，我们为了更好地呵护孩子的健康成长，为孩子制定一份少儿重大疾病保险保障方案是十分必要的。

1.少儿重大疾病保险购买指南

（1）家长在为孩子购买商业保险前，应遵循以医保为基础、商业保险为补充的基本原则，先加入当地的少儿医保。

（2）最好选择长期型险种。虽然一年期的险种保费较低，但是重疾险的费率是随着儿童年龄的增大而提高的，也就是说投保人对少儿重大疾病保险的投入会越来越多。而长期的重疾险一般是按照你开始投保那年对应的费率，每年均衡缴纳。被保险人年纪越轻，投保人要缴的保费就越低，而且投保以后也不用再体检。

（3）儿童患恶性肿瘤的比例逐年增大，因此，家长应选择疾病保障范围涵盖儿童常见疾病的产品，如果不幸得了恶性肿瘤能加倍赔付就更稳妥了。

（4）现在的重疾险都设有观察期，常见的有 90 天和 180 天，即在投保后的 90 天或 180 天内，如果被保险人发生重大疾病，保险公司是不承担给付赔偿金责任的。因此，我们应尽量选择观察期短的产品。

（5）选择附带保费豁免条款的产品。如前文所述，保费豁免能够解决家长的后顾之忧。

（6）要量力而行。我认为购买保险的总保费占年收入的 10% ~ 20% 即可，不能让缴纳保费给家庭带来太大的经济负担。

2. 购买少儿重大疾病保险时要注意什么

我们在投保时，还需要注意以下细节，以免引起不必要的纠纷。

（1）了解条款中对重大疾病的释义

一般重大疾病保险产品都会将具体病种在保险条款中列出，有的保险公司将重大疾病拆成多个病种，有些保险公司则将其合并在一个病种中。因此，家长在投保时，不要觉得病种多就急着购买，而要仔细看清所保障的内容。我们在为孩子购买重疾险时要重点关注产品是否包含儿童高发重大疾病，如以下几类疾病：

①恶性肿瘤（含少儿白血病）；

②脊髓灰质炎后遗症（小儿麻痹）；

③严重的胰岛素依赖型糖尿病（Ⅰ型糖尿病）；

④严重癫痫；

⑤幼年型类风湿性关节炎；

⑥严重骨髓增生异常综合征；

⑦严重川崎病；

⑧严重细菌性脑脊髓膜炎；

⑨重症手足口病；

⑩成骨不全症；

⑪ 严重瑞氏综合征；

⑫ 肝豆状核变性。

（2）了解除外责任

目前，保险公司都有这样的规定：如果被保险人是因免责条款中的内容导致发生疾病、达到疾病状态或进行手术的，保险公司将不承担保险责任。例如，遗传性疾病、先天性畸形、变形或染色体异常等。所以家长们在购买保险时，一定要先了解免责条款的内容。

（3）了解理赔流程及规定

我们在购买重疾险时，还要了解出险后保险公司的理赔流程及规定，因为有的医院并不在保险公司的理赔范围内，如被保险人不及时转到保险公司指定的医院，则无法得到理赔。

（4）履行如实告知义务

我们在决定投保重大疾病保险后，需回答个人健康及家族病史等与投保有关的问题，投保人和被保险人一定要仔细阅读相关规则并如实填写。如果我们没有把相关情况如实告知保险公司，那么将来在申请给付保险金时就可能遇到麻烦。

3. 少儿重大疾病保险有限额吗

为孩子购买一份少儿重大疾病保险，不仅可以减轻家庭的经济负担，而且也是对孩子的一份保障。因此，很多家长都想及早为孩子购买相关产品。但是很多家长担心少儿重大疾病保险有保额限制。

少儿重大疾病保险以被保险人患有疾病为给付条件，而并非以死亡为给付条件，因此没有保额上的限制。不过各家保险公司会根据自己的经营风险对保额有所规定：有的公司为 50 万元，有的公司为 30 万元，有的公司阶段性会调到 80 万元。因此，家长们可以根据自身需求投保。

不过我要提醒各位家长，保额是与保费密切相关的，保额越高保费也就越高。家长在选择保额时，最好结合当前的医疗水平及经济情况来考虑。以白血病为例，目前治愈一例白血病儿童平均需要 3 年半至 5 年的时间，花费为 15 万元至 30 万元，骨髓移植费用可能达到百万元。因此，我建议家长在投保时，不要把保额设置得太低，这样才能达到覆盖治疗费用的效果。

三、如何配置少儿保险

在大多数情况下，为孩子配置保险只需要考虑意外风险和疾病风险，而不需要考虑身故风险。

（一）最低配置："医疗险＋意外险＋定期重疾险"模式

医疗险：孩子抵抗力差，容易生病。因此，家长有必要为孩子购买医疗险，以此保障住院治疗的费用。

意外险：孩子活泼又好动，容易受伤，所以家长应该为孩子买一份意外险，最好附加意外医疗，从而可以有效应对突发状况。

定期重疾险：父母在子女小时候为其购买定期重疾险非常合适，价格不高，保额却不低。家庭经济条件越有限，我们就越要尽早买定期重疾险，先把保障做好。不然孩子一旦罹患重疾，家庭就要承担沉重的经济压力了。

（二）标准配置："医疗险＋意外险＋终身重疾险"模式

重疾险：购买终身重疾险还是很有必要的。有些朋友觉得，孩子还小，以后的日子还长着呢，万一以后还有更好的产品呢。

产品更新是没有尽头的，以后的产品可能更好，但谁也不知道更好的产品何时出现。况且随着时间的流逝，你之前购置的保额将来也不一定够用。

买保险本来就是一个动态配置的过程，没必要一次到位，尤其是给孩子投保。如果你担心孩子得过轻症或重疾后再难买保险，那么你可以买保终身的重疾险，或者为孩子配置多次赔付的重疾险。你完全可以根据自己的情况决定，只要保费不会给家庭造成太大的经济压力，就完全可行。如果将来出现了更人性化的新产品，你可以再补充购置一份定期重疾险，并增加保额。

（三）高级配置："医疗险＋意外险＋终身重疾险＋子女教育金保险"模式

子女教育金保险是理财险的一种，对于经济条件宽裕的家庭来说，在配置好保障型保险后可以考虑配置理财险。因为孩子还小，我们如果在这个时候购置合适的理财险，回报期会比较长。这样做相当于为孩子存了一笔钱。经过长时间的累积，我们会得到一笔非常可观的教育金。

最后，我再次强调一下，我不建议为孩子购置寿险产品。可以说，孩子身故不会在经济上给家庭造成重大损失，而对于精神上的伤痛，保险也无能为力。

第五章

如何为老年人买保险

5

　　现代人的生活压力大，保险意识相对较强，很多人不但给自己配置好了保险，还有给父母买保险的想法。不少人也经常向我咨询如何为老人买保险。他们想给父母买保险，却由于父母年龄过大、健康状况不好、价格过高等各种原因找不到合适的保险产品。

　　老年人买保险相对困难，年龄大、身体差是老年人买保险的主要制约因素。但是随着父母的年龄越大，他们的健康状况可能越不乐观，保险也就越难买。因此，我们为父母买保险不宜拖延。

　　接下来，我将和大家分享老年人买保险的原则和合适的险种。

一、老年人投保需要考虑的问题

　　老年人投保一般会面临以下四个问题。

（一）年龄限制

　　目前，市面上大部分的健康险都有年龄限制，而且基本上都以 60 岁作为投保年龄的上限。如果超过这个年龄界限，我们可选择的健康险范围就会缩小。

　　对于保险公司来讲，投保人年龄越小出险的概率就越小，公司面临的赔付压力就越小。如果二十几岁的年轻人投保，那么他们很可能在未来 20 年之内都不出险；如果年龄超过 60 岁的老年人投保，那么在未来十年内，他们患病的概率可能越来越高。

　　保险公司为了降低理赔亏损的风险，把大部分的保险产品都设计成投保上限年龄为 60 岁的模式。这就导致相当一部分老年人不能购买相应的保险产品。

（二）最大投保额限制

　　老年人年龄越大，其能投保的产品越少，同时其可投保的最高保额也会有所限制。从根本上讲，这也是保险公司在设计保险产品时控制赔付率及亏损率的一种手段。

这也是为什么有些重疾险规定超过 50 岁或 60 岁的老年人能投保的最高保额只有 5 万元或 10 万元的原因。而且不仅保额低，保费还会很高。例如，同是 10 万元保额的医疗保险产品，年轻人购买只需要几百元，而老年人购买则需要 2 000 元到 3 000 元。

（三）健康告知异常严格

对大多数人来说，年纪大了，其患病风险就会增加，过往的患病史也会增多。所以健康告知会异常严格。这也是为什么有些保险公司在客户投保的时候会要求老年投保人或被保险人进行体检，而对年轻人则没有这种要求。

对于老年人来说，高血压、高血脂、高血糖、糖尿病等是常见病。患有这些疾病的老年人就很难购买医疗险、重疾险。

（四）保险杠杆不高

老年人买保险有时会出现"保费倒挂"现象。例如，投保人共交了 13 万元的保费，但保额只有 10 万元。就算出险，保险公司也只会赔付 10 万元。

二、老年人需要什么样的保险

我们在给老年人买保险时，应该注意投保年龄的限制。很多保险产品都设有投保年龄范围。通常情况下，疾病保险产品的最高投保年龄是 55 周岁，意外险产品的最高投保年龄是 70 周岁。换言之，老年人的年纪越大，他们可以购买的保险种类就越少。因此，我们最好提前为老年人购买保险产品，这样我们选择的范围才会更大。

综上可知，我们可以为老年人买的保险种类非常有限，不过还是有一些保险可以购买的，如医疗保险、意外保险、防癌保险以及护理保险。下面，我将向大家详细地介绍一下。

（一）意外保险

随着年龄的增长，老年人身体的各项机能逐渐退化，他们受到意外伤害的概率也逐年上升。据相关报告可知，60 岁以上的老年人发生意外的次数约为 20 岁至 59 岁的中青年人的两倍；60 岁以上的老年人意外事故的主要原因是跌倒或坠落、意外溺水或水灾、机动车驾乘人员交通事故、非机动车驾乘人员交通事故。

意外险价格较低，是杠杆率最高的保险产品之一，且对老年人身体健康没有要求，投保门槛最低，建议优先配置这类保险。

需要注意的是，由于老人遭受意外风险的概率比中青年人高，很多成人意外险产品都以 65 岁为购买年龄上限，超过此年龄的老人需要购买专为老人设计的意外险。另外，保额越高、保障越充分，保费就越高。对于普通家庭而言，老人意外伤害保额一般要达到 10 万元，意外医疗保额通常要达到 1 万元。

我们在给老年人买意外保险时，最好选择有意外医疗骨折保障的产品，这样，当老年人因意外骨折需要治疗时，就可以得到赔偿。

（二）防癌险

可以说癌症是老年人发病概率非常高的一种重大疾病，且治疗费用很高，而超过 55 岁以上的人群购买重疾险的保障杠杆已经不高。我们购买防癌险则可以通过较少的预算得到较高的保障。当老年人患有合同上的某种癌症疾病时，保险公司将根据合同约定赔偿相应保险金。防癌保险的保障具有针对性，并且保费比较低，是一种非常划算的保险产品。

防癌险和重疾险都是给付型保险，即一旦确诊，保险公司就会按照保额赔钱，被保险人再根据安排使用这笔钱治疗。目前，所有保险公司对老年防癌险的保额一般都有限制。对一般家庭而言，防癌保险保额最低应设置为 20 万元，否则保障作用不明显，经济情况好的家庭可以设置更高的保额。

防癌险毕竟不是重疾险，保障范围有限，如老年人易患的心脑血管疾病就无法得到保障。因此，我们还应该考虑配置高保额的医疗险，避免大额医疗支出给家庭财务带来的冲击。

需要注意的是，高端医疗险对老年人的身体条件要求比较高。如果老年人患有严重的糖尿病、高血压等疾病就可能无法购买此类保险。

（三）医疗保险

医疗保险主要保障老年人的疾病问题，当老年人因疾病需要住院治疗并产生相关费用时，保险公司会根据合同约定进行相应的赔偿，减轻被保险人的医疗费用负担。

我们为老年人购买医疗保险时最好选择具有保证续保条款的产品。在没有保障续保条款的情况下，被保险人在保险期届满之前如果发生过理赔，下一年要继续投保的话，有可能会被保险公司拒保。在能保证续保条款的情况下，就算上一年有出险，下一年只要投保人想要续保，保险公司就不得拒保，这样就很好地保障了投保人的利益。

（四）护理险

护理险是指为那些因年老、疾病或伤残需要长期照顾的被保险人提供护理服务费用补偿的保险。

护理险能够为个人提供护理保障。如果因意外、疾病等使被保险人丧失日常生活能力，即无法独立完成六项基本日常生活（穿衣、移动、行动、如厕、进食、洗澡）活动中的三项或三项以上，那么保险公司就赔付护理保额。

老年人一旦生病或摔倒，很容易丧失生活能力，因此，护理险对于老年人来说也是很重要的。

三、如何为老年人配置保险

为老年人配置保险应该重点考虑疾病和意外风险。因为父母的家庭责任已经转移到了子女身上了。对于上了年纪的父母来说，他们的身体抵抗力弱，一旦罹患疾病，治愈难度较大。

（一）最低配置："意外险＋医疗险＋一年期防癌险"模式

意外险：人上了年纪之后，反应会变得迟缓，面对突发状况无法及时反应，因此他们遭遇意外的概率也很高。我们也经常听说，谁家老人不小心摔倒了。老年人的体质较弱，一旦发生意外，他们受到的损伤会比年轻人严重得多，甚至可能危及生命。所以意外险对于老年人来说还是很有必要的。

一年期防癌险：老年人如果在50多岁购买重疾险，保费会很贵，甚至可能出现保费比保额还高的情况。而癌症是重疾险理赔中比例较大的一类，因此，老年人可以直接购买防癌险。防癌险的购买门槛比较低，不过保额不会太高，并且保障范围有限。

医疗险：适合身体健康，没有既往病史，没有异常，也没有慢性疾病的人群。医疗险的保障范围更大，但是对身体健康的要求也更高。

医疗险只能对已花费的治疗费用进行报销，报销额度最高不能超过已治疗费用的总和。而防癌险只保障癌症，并且一般保额有限。对于癌症治疗来说，这些钱可能不够，因为后续的营养费、康复费等也是一笔不小的开支。

所以将医疗险和防癌险搭配组合，可以让保障更加完善。如果投保人罹患癌症，则可以用医疗险理赔金支付治疗费，用防癌险理赔金支付后续康复费。如果投保人罹患的是非癌症类的疾病，则至少还有医疗险的保障。

（二）标准配置："意外险＋医疗险＋定期（或终身）防癌险"模式

防癌险可以被视为缩小版的重疾险。如果我们有足够的预算，那么最好买长期的防癌险。因为我们不知道什么时候会患病，既然已经购买了保障，就要尽可能地实现更全面的保障。如果父母患病，我们当然会竭尽全力地救治。老年人的身体素质比较差，治疗的难度更大，需要的费用更多，因此，购买终身防癌险可以让我们没有后顾之忧。

（三）高级配置："意外险＋医疗险＋定期（或终身）防癌险＋定期（或终身）寿险"模式

我们可以在标准配置的基础上再选择定期寿险或者终身寿险。

定期寿险：与终身寿险相比，定期寿险的保费低一些。很多定期寿险的保障期限长，如果保至 80 周岁，就和终身寿险的差别不大。

终身寿险：保障终身，与定期寿险相比，终身寿险的保障期限长一些。没有人知道自己会活多久。因此，在经济条件允许的情况下，我们最好购置终身型寿险。

寿险保险金的主要用途是资产传承。如果老人身故，老人的遗产在传给子女时会被扣取一定的费用，如继承房产的税费。而这些费用可以用寿险的保额覆盖。同时，如果老人有指定受益人，那么这笔保险金从性质上来说，不属于遗产，受益人不用交税，这样同样可以达到资产传承的目的。

我们应该根据自己的保障需求选择保险产品。明白不同阶段、不同人群的不同需求，从而选择相应的保险产品，科学投保。

总之，我们在为老年人配置保险时，首先应配置医保；然后在充分考虑保费、保额、年龄阶段、老人身体条件、家庭支出情况的基础上配置保障型产品

（包括意外险、防癌险、高端医疗险、护理险等）；最后在医保和保障型产品都配置好的基础上，考虑到未来社会老龄化进一步加剧，社保养老金将无法充分满足老年生活需求的情况，为老年人配置一些理财型保险产品（包括年金险、养老金保险等）。

第六章

非健康体如何投保

6

我们的身体有时会出现一些问题，如乳房小叶增生，有乳房结节，有甲状腺结节，超重等。医生会认为："这些都是小问题，不影响生活，很多人都有这些毛病"。但是在保险人员看来，这些问题却是发生重大疾病的隐患。

因此，我想讲一讲身体有"小问题"的这类人群该如何投保。

一、如何评判是否为健康体

大多数人都觉得自己身体没什么问题，医生也说过没什么大问题，平时注意少熬夜、多运动就可以了。但是，我们在买保险时，有特定的评判投保人身体是否健康的标准。我们可能需要向保险公司提供各种材料证明自己的健康状况，而保险公司的核保标准是非常严格的。

保险公司的核保结果有以下五种。

- **正常承保**：可以购买。
- **除外责任承保**：某种疾病不保，其他都保。
- **加费承保**：比正常保费高，但是保障范围与健康体的保障范围一样。
- **延期承保**：风险无法确定，现在不承保，以后可以再尝试投保。
- **拒绝承保**：风险太大，不能承保。

经常有人问我："我患有高血压、高血脂、高血糖，我还能买保险吗？"其实，在实际工作中我发现真正符合保险健康告知的人不到20%，非健康体很常见。那么，如何合理地购买保险也成了这类群体关注的问题。

市面上的健康险绝大部分都是针对健康人群设计的，根据健康人群的发病率测算应缴纳多少保费。非健康人群的发病率明显高于健康人群，所以这一类人往往被保险公司拒保，或者要面临延期、除外责任或加保费等各种限制。

我们在身体健康的时候，可以随便选择保险产品，然而身体一旦出现异样，我们就要和保险公司"博弈"一番才能顺利投保。下面，我们了解一下非标准体的投保方法。

二、常见非标准体的投保方法

（一）甲状腺异常的人如何买保险

甲状腺类疾病在生活中很常见，统计报告显示，我国国民的甲亢患病率约为 1.3%，甲减患病率约为 6.5%，甲状腺结节患病率高达 18.6%。

甲状腺是人体最大的内分泌腺，分布在颈部喉结下方的左右两侧，形如蝴蝶，其主要功能是制造甲状腺激素。甲状腺激素一旦分泌异常，人体就会出现异常。

统计数据显示，甲状腺异常检出率跟年龄呈正比，年龄越大，甲状腺异常的检出率越高，而女性更容易"中招"，其异常检出率是男性的 1.8 倍，近半数 60 岁以上的女性被检出甲状腺异常。

近年来，随着甲状腺检查技术的普及，被检查出患甲状腺疾病的人也越来越多。

以前医生通过用手触诊，只能发现较大的结节；现在医生通过超声检查，能发现较小的结节。因此，很多人会担心患甲状腺疾病对买保险有影响。在此，我们先来了解一下常见的甲状腺疾病。

1. 常见的甲状腺疾病

常见的甲状腺疾病有以下几种（见表 6-1）。

表 6-1 常见的甲状腺疾病

常见疾病	基本情况	常见症状	预后效果
甲亢	甲状腺激素过多	精神亢奋、眼球突出、食欲增长、体重下降	易复发，可用药物治疗，重度可通过手术治疗
甲减	甲状腺激素不足	精神萎靡、面色苍白、食欲减退、体重增加	大部分人需要终身服药
甲状腺结节	结构异常的团块	无明显不适（轻微），吞咽困难（严重）	大多为良性，需定期复查
甲状腺炎	感染	急性表现为"硬、肿、痛"	急性可治愈，桥本氏甲状腺炎易复发
甲状腺癌	癌变	早期大多无症状，晚期声音嘶哑、呼吸困难	大多仅需手术切除，无须放化疗，术后存活率高

有些甲状腺疾病比较容易复发，患者需要终身服药，这样才能维持甲状腺激素的正常分泌。例如，对甲亢的治疗，如果用药剂量少，很容易引起复发；如果剂量太大，又有可能发展为甲减。

不过即使被诊断为甲状腺癌，大家也不要恐慌，大部分甲状腺癌患者通过治疗都可以存活下来，并且能继续享受高质量的生活。关键是要能及早发现恶变征兆，不给癌细胞转移、扩散的机会。

甲状腺癌患者一般不需要经历放疗和化疗，大多数人通过手术切除后，依靠药物就能维持甲状腺功能的正常。甲状腺癌通常不会对我们的生命造成威胁。

病情、地区和医院等级的不同造成甲状腺癌治疗费用的不同。据调查，在不用医保的情况下，甲状腺癌的治疗费用为1万元至4万元（涉及上海、重庆、北京等不同地区）。使用医保报销后，其自理费用为5 000元至9 000元。

在有医保的情况下，很多人花费不到1万元就能治疗甲状腺癌。面对这种"可以治疗的癌症"，多数人并无恐慌心理。但是，我们一旦得了甲状腺癌，就基本上买不了医疗险或重疾险了，这是大家非常担心的事情。

2.甲状腺疾病患者的投保方法

（1）意外险：意外险只承保意外事故造成的伤害，跟投保人是否得病关系不大。因此，意外险的健康告知比较简单，通常甲状腺结节患者可以直接购买意外险。

（2）寿险：对于甲状腺功能正常的良性甲状腺结节患者，"线上"的寿险产品大多能以标准体承保。

（3）重疾险、医疗险：如果我们得了甲状腺疾病，那么自然会影响买健康险，但我们也不必过于担心。从2018年的保险理赔年报中可以看出，甲状腺癌已经成为理赔最多的重大疾病。面对如此庞大的患病人群，保险公司的核保政策正变得越来越人性化。根据不同病情，保险公司一般会采取以下处理方式。

①甲状腺结节

医疗险：甲状腺结节确诊为恶性的，保险公司会直接拒保；确诊为良性的，根据病情不同，可酌情做除外责任。

重疾险：根据结节的性质、大小、分级不同，有的保险公司可能加费承保、延期承保或除外责任承保，当然不排除按标准体承保的可能性。但如果检查报告显示恶性的可能性大，保险公司就会拒保。

②甲亢

医疗险：比较常见的核保结论为除外责任承保或延期承保。

重疾险：如果后期治疗的效果比较好，且投保人目前甲状腺功能正常，保险公司一般会加费承保或按标准体承保；如果治疗效果比较差，保险公司就可能延期承保或者拒保。

③甲减

甲减患者一般需要长期甚至终身服药，他们买保险的难度大一些。

医疗险：一般会被拒保。

重疾险：如果通过治疗，目前没有症状，也没有并发症，那么一般会加费承保；如果病情控制不佳，且有并发症，那么通常会被拒保。

④甲状腺炎

急性甲状腺炎很多是能被治愈的，而桥本氏甲状腺炎的情况要糟糕一些，并有可能发展为甲状腺癌。

医疗险：急性甲状腺炎治愈后，甲状腺功能正常的人可正常投保；对于桥本氏甲状腺炎（慢性）治愈后，甲状腺功能正常的人，保险公司一般会除外责任承保。

重疾险：急性甲状腺炎治愈后，甲状腺功能正常的人可正常投保；桥本氏甲状腺炎（慢性）治愈后，甲状腺功能正常的人可正常投保。

⑤甲状腺癌

虽然甲状腺癌的死亡率很低，但是甲状腺癌患者投保医疗险和重疾险一般会被保险公司直接拒保。不过如果其已经治愈五年以上，而且复查结果正常，那么还是有可能买到此类保险的。

（二）肝病患者如何买保险

很多肝病患者担心自己不能买保险。据统计，目前我国慢性无症状乙肝病毒携带者的数量约为一亿至两亿，慢性乙肝病人的数量约为 3 000 万。下面，我们以乙肝为例，探讨肝病患者该如何买保险。

1. 乙肝的主要分类

乙肝可分为以下几种（见表 6-2）。

表 6-2　乙肝的几个种类

乙肝五项	肝功能	诊断结果
第 1 项阳性	正常	乙肝病毒携带者
第 1、4、5 项阳性	正常	乙肝病毒携带者
"小三阳"	异常	乙型肝炎
第 1、3、5 项阳性	正常	乙肝病毒携带者
"大三阳"	异常	乙型肝炎

确定自己的疾病情况是很有必要的。无论是治疗还是买保险，这都是必不可少的步骤。对我们的生活影响较大的是乙型肝炎。据统计，如果没有适当的治疗，20%～30% 的乙型肝炎会发展为肝硬化。如果已经被确诊为乙型肝炎，那么大家一定要注意养成良好的生活习惯，吸烟、喝酒、熬夜等习惯都会加剧病情的发展。

2. 乙肝患者如何买保险

对于乙肝患者（前提是肝功能和 B 超都正常）的保单，保险公司的核保结果通常会有以下几种（见表 6-3）。

表 6-3　乙肝病毒携带者、"小三阳"患者、"大三阳"患者核保常见结果

险种	寿险	重疾险	医疗险
乙肝病毒携带者	标准体 / 少量加费	标准体 / 少量加费	除外责任
"小三阳"患者	标准体 / 少量加费	少量加费	除外责任
"大三阳"患者	加费	加费 / 拒保	除外责任

对于已经查出乙肝病毒携带、"大三阳"、"小三阳"或者其他健康异常的

朋友，我强烈建议大家优先选择"线上"智能核保，它的优势在于高效、快捷，而且不会留下核保记录。

如果智能核保无法通过，或者没有相对应的智能选项，那么我们只能通过"线下"人工核保进行判断。

虽然每家保险公司都有自己的核保手册，但是由于受各种因素的影响，即使对同一疾病或同样的身体条件，每家公司的核保结论也可能完全不同。

稳妥起见，我建议大家可以同一时间尝试向"线下"多家公司咨询投保，并选择对自己最有利的那家公司，让自己的保障利益最大化。

（三）"三高"人群如何买保险

1. 什么是"三高"

"三高"是指高血压、高血脂、高血糖。"三高"容易引起糖尿病、脑梗死、中风、动脉硬化等并发症。所以如果你是"三高"患者，就需要控制各项指标。一份针对40岁以上的中老年人进行的"三高"调查报告显示，80%以上的受访者都有不同程度的"三高"症状。可见，"三高"已经成为困扰大多数中老年人的问题。

在此，需要提醒大家的是，现在的"三高"患者越来越年轻化。熬夜、吸烟、暴饮暴食等不良生活习惯都是其重要诱因。

"三高"可能"单独存在"，也可能"联合行动"。例如，糖尿病人很容易同时患上高血压或高血脂，而高血脂又是动脉硬化形成和发展的主要因素，动脉硬化患者的血管弹性差会加剧血压升高。因此，"三高"本身虽然不是严格意义上的疾病，但时间久了会对人体血管、各种器官造成严重损害。

2. "三高"人群的核保准则

（1）高血压

高血压分为继发性高血压和原发性高血压。

继发性高血压一般是由其他疾病引起的，如肾源性疾病、内分泌疾病、心血管疾病等。通常在疾病治愈后，血压就会恢复正常。因此，我们只要等血压正常后再买保险就不会受到影响了。

90%的高血压都是原发性高血压，这一般与家族遗传、个人生活习惯有关。

如果我们的体检报告显示血压正常，那么寿险、重疾险、医疗险通常都可以正常承保。

如果体检报告显示血压不正常且不受控制，那么"线上"的保险平台会直接拒保，"线下"的保险公司可能延期承保、加费承保或拒保。

（2）高血脂

高血脂一般有两个参考指标：胆固醇和甘油三酯。

甘油三酯增高会令血管收窄，与动脉硬化性心血管疾病密切相关，甘油三酯每增高 1mmol/L，男性和女性患冠心病的风险将分别升高 12% 和 37%。甘油三酯增高还与糖尿病并发症密切相关。

一般来说，只要投保人一年内的总胆固醇 <6.5mmol/L，且甘油三酯 <4mmol/L，都可以正常申请重疾险和医疗险。寿险一般没有对血脂指标的要求，我们可以直接投保。即使血脂超标，我们只要通过合理的手段进行控制，将指标恢复正常并保持一年，我们都可以正常投保。

（3）高血糖

怀孕导致的妊娠糖尿病患者产后一般都会恢复正常，不影响其购买保险。

高血糖不等于糖尿病。一般空腹全血血糖的正常值为 3.9~6.1mmol/L，在 7mmol/L 以下的高血糖患者是有可能买到保险的，但是其可以选择的产品就非常少了。

市面上有一些针对糖尿病人的医疗险，但是健康告知非常严格。糖尿病人基本都有其他疾病在身，能成功投保并不容易。

3. "三高"人群如何买保险

综上所述，"三高"人群只要将相关指标恢复正常并保持，基本上都是可以正常投保的。

如果"三高"并不严重，那么我们可以通过健康饮食、规律生活、加强锻炼甚至药物控制的方法使指标恢复到正常水平。之后，我们就可以正常投保了。

如果不能在短期内解决"三高"问题，那么我们可以先通过"线上"的智能核保进行尝试，因为即使拒保也不会留下任何记录。能通过当然最好，被拒保了也不要放弃，因为智能核保系统目前还不完善。

网上投保不成功，可以选择"线下"产品，或者有人工核保的"线上"产品。我们可以同时多家投保，有时可能无法通过智能核保，但可以通过人工核保。虽然会有加费、除外责任的限制，但这已经是很好的结果了。

（1）防癌险

在"三高"中，高血糖的核保是最严格的，拒保的概率很高，因为高血糖很容易发展为糖尿病，而糖尿病患者很容易出现严重的并发症。若只是血糖代谢异常而没有发展到糖尿病的阶段则可加费承保。

如果"三高"确实严重，我们就无法投保正常的健康保险了，那么我们可以考虑投防癌险。防癌险只保恶性肿瘤，目前医学无法证明"三高"跟癌症有关。因此，防癌险一般都可以承保"三高"人群。

（2）防癌医疗险

其实和上面的防癌险一样，防癌医疗险也只是针对癌症，只会报销治疗癌症所产生的费用。但是，年纪非常大的人购买防癌险和防癌医疗险也比较困难。

（3）意外险

意外险是入门级的险种，而且不管你有没有"三高"，意外对每个人的风险都是差不多的，所以"三高"人群不用担心不能买意外险。

（四）乳腺类疾病患者如何买保险

1. 常见的乳腺类疾病

乳腺纤维瘤和乳腺增生是很多女性朋友的都会遇到的问题。乳腺增生是女性最常见的乳房疾病，多发于 20 岁至 50 岁的女性。近年来，乳腺增生的发病率有逐渐上升的趋势。在门诊中，被诊断为乳腺增生的病人占乳腺专科病人的60% ~80%。

乳腺增生：乳腺增生是良性的、可控的细胞堆积与增长。我们最常见的乳腺小叶增生，是乳腺增生 I 期，比较轻微。95% 的乳腺小叶增生都不会致癌，它和癌症并没有必然的联系。

乳腺癌：是恶性的、不受控制的细胞快速增长，而且这些恶性细胞可以进入血液或淋巴液从而转移到身体其他部位。

需要注意的是，绝大多数乳腺增生并不会发展为乳腺癌，而乳腺细胞癌变的过程也不一定会经过乳腺增生这个阶段。因此，我们就算患有乳腺增生也不必太过紧张。

2.乳腺类疾病患者购买保险的方法

（1）乳腺增生患者如何买保险

下面，我们分析一下如果投保人患有乳腺增生，对其购买保险会产生哪些影响。

"线下"投保重疾险：保险公司的核保团队会根据增生的性质和严重程度进行评估，分别会得出正常承保、除外责任承保、加费承保等结果。所以不用过分担心，如实告知并等待核保结论就好。

"线上"购买保险：需要重点关注健康告知里有没有提到相应的问询，如果没有提到就可以正常投保。

对于医疗保险来说，保险公司也会担心有些人生病后才想起买医疗保险。对于患有乳腺增生的投保人购买医疗保险的情况，保险公司还是比较谨慎的，最常见的核保结果便是除外责任承保，即不保与乳腺相关的疾病。

（2）乳腺纤维瘤患者如何买保险

乳腺纤维瘤是乳房良性肿瘤中最常见的一种，它的发生与内分泌激素失调有关。和乳腺增生一样，乳腺纤维瘤也是常见的乳腺疾病，而且乳腺纤维瘤的发生人群目前趋向年轻化。

治疗乳腺纤维瘤最有效的方法就是实施手术，乳腺纤维瘤发生恶变的概率很低。因此，我们就算发现长了乳腺纤维瘤也不要过分担心，可以到正规医院进行检查，必要时进行切除。

乳腺纤维瘤患者在购买重疾险时需要注意以下几点。

①如果被保险人已经做过切除手术，那么重疾险在核保的时候会比较宽松，只要被保险人在手术之后状态良好就可正常进行投保了。

②如果被保险人还没有做过切除手术，那么投保人需要如实告知并提交相应的资料。保险公司会进行核保，并根据不同的情况给出相应的结论。核保结果无外乎我们经常提到的五种：正常承保、加费承保、除外责任承保、延期承保、拒绝承保。

（3）乳腺结节患者如何购买保险

乳腺结节患者一般都需要做乳腺 B 超检查，个别患者还要做乳腺钼靶 X 线摄影检查。根据检查结果，一般使用 BI-RADS 分级方法评估风险（见图 6-1）。

0 级 → 现有影像未能完成评价，需要增加其他影像检查

1 级 → 阴性，乳腺 X 线摄影无异常发现

2 级 → 良性发现，存在明确的良性病灶，无恶性征象

3 级 → 良性可能大的病灶，建议短期随访

4 级 → 可疑异常，但不具备典型的恶性征象，应考虑活检

5 级 → 高度提示恶性的病灶，临床应采取适当措施（恶性）

6 级 → 已行活检证实为恶性，临床应采取适当措施

图 6-1　乳腺结节分级

如果 BI-RADS 分级在 4 级及以上，那么恶性肿瘤的可能性就比较大，需进行穿刺或手术活检。

由于乳腺结节病因复杂，其发展趋势难以把控，对于患有乳腺结节的投保人购买医疗保险的情况，保险公司还是比较谨慎的。

重疾险：一般来说，1 级至 2 级可以算标准体承保，但现在保险公司的核保审查越来越严格，只要体检报告上出现乳腺结节诊断，保险公司就会给出除外乳腺责任的结论。4 级及以上则基本上给出延期或者拒保的结论。

医疗险：明确乳腺结节诊断，如果是 4 级及以上拒保。

（五）肥胖人群如何买保险

肥胖会影响我们的生活质量，甚至寿命。那么，肥胖对买保险有影响吗，肥胖人群该如何买保险？

1. 关于肥胖，我们必须知道的事

数据显示，中国的肥胖人口数量达 9 000 多万，中国已超过美国成为世界上肥胖人口数量最多的国家。目前我国超重或肥胖总人口数量超过 3 亿，成年人超重率为 30%。

肥胖会导致一系列疾病。很多肥胖者都有不同程度的高血压、糖尿病、脂肪肝、冠心病、脑梗死等疾病。

肥胖甚至会增加乳腺癌、结直肠癌、卵巢癌等多种癌症的发生风险。相关专家预测，未来肥胖很可能成为第一大致癌因素。

2. 测量个体是否肥胖的方法

测量肥胖的方法有很多种，比较常见的有体脂率法、BMI 指数法。

（1）体脂率法

体脂率 = 脂肪重量 / 体重，这是最准确的脂肪测量方法，但对测量条件和成本都有一定要求，主要在医学、健身等专业领域使用。

（2）BMI 指数法

BMI 指数 = 体重 / 身高²，这种计算方法不是很准确，对部分人群（如未成年人、孕妇等）也并不适用，但简单易操作，保险公司通常将 BMI 指数作为核保参考。

不同的保险公司对"肥胖"的界定略有不同，一般 BMI 指数在 26~32 都有可能被保险公司界定为"肥胖"。那么，肥胖对购买保险有什么影响呢？

3. 肥胖人群的投保方法

根据身体的健康情况，可以把肥胖人群分为以下几种。

健康的：无高血压、糖尿病、心脑血管疾病等并发症。

不健康的：因某些疾病导致肥胖或因肥胖导致疾病。

如果我们身体健康，仅是体重超重，那么保险公司核保还是相对宽松的。如果我们不仅体重超重，而且还有其他疾病，那么保险公司会重点审核与肥胖相关的疾病、被保险人年龄、体质等因素，一般核保结果都不太乐观。

每个人都可以结合自己的 BMI 指数，选择可以投保的产品。不同的产品有较大的差异。

有的重疾险在健康告知中并未问及身高和体重，只要你没有其他疾病，符合健康告知要求，都是可以投保的；定期寿险对体重的要求更加宽松，很多产品都是不问及身高和体重的。

另外，体重过轻跟过重一样，都会对投保产生一定的影响。一般而言，保险公司对于体重过轻的界定是 BMI 指数 <16/17。当然，就算你体重过轻，通过认真筛选也可以买到合适的保险。

有些人平时很少体检，没在医院留下异常记录，于是他们考虑投保时虚报体重，计划投保后赶紧减肥 / 增重；也有部分代理人为了顺利完成任务替客户填写上标准体重。那么，这样做会不会有什么不妥？

其实体重本来就是动态变化的，如果投保前没有留下异常记录，并且理赔是很久以后的事，保险公司也很难查证投保时的体重情况，那么可能没什么问题。但是如果在投保后没多久就出险，保险公司理赔调查时发现体重不对，那就有可能产生纠纷。

〔案例〕

王先生，34岁，异常指标：颈椎退行性变，C4/5、C5/6、C6/7椎间盘向后各突出约0.1cm、0.2cm、0.1cm，相应硬膜囊受压，C5/6椎间盘平面椎管狭窄并脊髓损伤。以下是王先生同时投保的三家保险公司给出的核保结果。

● 第一家保险公司：要求见本人。
● 第二家保险公司：要求重新体检。
● 第三家保险公司：正常承保。

可见，不同公司的核保结果差别很大，多家投保服务成本很高，但能有保险公司正常承保也是很好的结果。

通过以上分析可知，非健康体顺利投保的"捷径"就是尝试多家投保。我建议大家趁着身体健康、体检异常指标少的时候及早投保，因为这个时候你有选择保险公司的权力。万一你将来身体不好了，就只能跟保险公司博弈，博弈的过程非常辛苦。当然，如果你被保险公司拒保了也不要沮丧，加强体质锻炼，提高身体素质，将来可以再尝试投保。

（六）先天性 / 遗传性疾病患者如何投保

重疾险和医疗险中都有对"遗传性疾病 / 先天畸形、变形或染色体异常"不予赔付的规定。很多人对这一规定不太理解，那么，我们就探讨一下先天性 / 遗传性疾病患者如何投保的问题。

1.什么是先天性 / 遗传性疾病

保险公司关于先天性 / 遗传性疾病的条款一般有以下说明。

遗传性疾病是指生殖细胞或受精卵的遗传物质（染色体和基因）发生病

变或畸变所引起的疾病，通常具有亲代传至后代的垂直传递的特征。先天性畸形、变形或染色体异常是指被保险人出生时就具有的畸形、变形或染色体异常。先天性畸形、变形或染色体异常依照《疾病和有关健康问题的国际统计分类》（ICD-10）确定（本合同约定的疾病除外）。

先天性疾病和遗传性疾病有以下区别。

（1）先天性疾病是胎儿在子宫内的生长发育过程中，受到外界或内在不良因素作用，致使胎儿发育不正常，出生时已经有表现或有迹象的疾病。

有些先天性疾病是由遗传因素引起的，属于遗传病；有些却是由母亲在孕期受外界不良因素影响而引起的，不属于遗传病范畴。常见的先天性疾病包括心脏病、地中海贫血、先天性甲状腺功低下、苯丙酮尿症等。

有些先天性疾病在个体出生后就表现出来，有些先天性疾病在个体出生后长到一定年龄甚至到成年之后才表现出来。

对于常见的婴儿先天性疾病，基本上保险公司都会除外责任承保，但是也有部分产品，针对某些特定的先天性疾病是可以承保的。例如，有的产品可以承保血友病、神经母细胞瘤等这类并没有得到确认的先天性疾病。

（2）遗传性疾病是指父母的精子或卵子发育异常而导致胎儿发生器质性或功能性的不正常。常见的有白化病、苯丙酮尿症、黑尿症、先天性聋哑、高度近视、原发性高血压、支气管哮喘、冠心病、青少年型糖尿病等。

遗传病也不一定是在个体出生时就有症状表现的。有些遗传病要在个体成长到一定年龄时才表现出来。例如，患进行性肌营养不良症的个体一般在4岁至6岁时才会发病。

保险条款中没有关于遗传病病种的具体规定，一般根据医学诊断判定，有以下几类。

①遗传性疾病：肌营养不良、脊髓性肌萎缩、肾髓质囊性病、肝豆状核变性、艾森门格综合征、成骨不全症第三型、脊髓小脑变性症、血友病。

②遗传与环境共同影响：斯蒂尔病、类风湿性关节炎、严重哮喘。

③被认为与遗传相关：再生障碍性贫血、原发性心肌病、自身免疫性疾病。

④遗传易感性：狼疮肾炎、克罗恩病。

2.先天性疾病／遗传性疾病患者的投保方法

先天性疾病／遗传性疾病患者申请"线上"核保肯定是通不过的，只能选择"线下"人工核保。投保时保险销售人员肯定会问你是否患有先天性／遗传性疾病，如果你确定或者怀疑自己有先天性／遗传性疾病，为了避免理赔风险，我建议大家如实告知。

目前，我们大多采取"有限告知"的形式，也就是问什么说什么，不问的可以不说，保险公司也不可以就没问到的事拒赔。

有些保险公司投保时可能需要投保人告知其是否有家族遗传病史。如果投保人有家族遗传病史，那么保险公司就会要求投保人提供一系列资料，从而进一步判断风险的大小，判断是否能够正常承保。如果保险公司能够正常承保，那么后续理赔也不会存在什么问题。

投保人将情况如实告知后，保险公司会做出是否承保的决定，如果已经正常投保或加费投保了，那么保险公司不得再以除外责任为由拒赔。

事实上，大多数保险产品是不赔先天性疾病的。如果投保人的疾病可以通过手术治愈，那么保险公司会延期承保，等治疗结束后再根据其健康情况审核。根据疾病情况，保险公司也有可能直接除外责任承保。

部分先天性疾病会随着年龄的增长而自愈，如某些先天性心脏瓣膜疾病患者通常在一周岁之前就自愈了，自愈后可以正常投保各种类型的险种。如果先天性疾病虽无法彻底痊愈，但仅仅是形态上的畸形，而对身体机能无影响，那么通常也可承保，如重复肾（如果肾功能正常，无须治疗）。某些先天性疾病会影响身体机能。患有此类疾病的人在投保时就会被限制。保险公司在核保时会根据其病情给出答复，一般会加费承保、除外责任承保或拒保。例如，多囊肾常引起肾脏功能损害，这可能引发肾脏移植或终末期肾病的重大疾病保险金给付责任，所以重疾险和医疗险可能对此拒保。

保险产品是根据用户的需求不断变化的，市面上有的产品可以赔付特定遗传性疾病和先天性疾病。

（1）重疾险

重大疾病的病种中基本不涉及遗传病。这里所说的遗传病，是指确认的由遗传原因导致的，而不是指与遗传因素有关的。而大多数遗传性疾病是由染色体异常、基因突变导致的。

目前已经有很多重疾险赔付血友病。人们患癌症有遗传的因素，但癌症并不是生来就有的疾病，癌症基因表达也是一种未知风险，因此，此类疾病在保险公司的正常承保范围之内。

（2）医疗险

我们可以通过购买高端医疗险获得这些疾病的保障。因为一般的中高端医疗险是不赔付的，但有些高端医疗险会限额赔付，还有一些高端医疗险规定，如果父母已经承保一年，母亲自然受孕生下的宝宝可以免费加进主险保障，并且免核保。

很多高端医疗对既往症、先天性疾病并不是采取"一刀切"的方法，而会根据被保险人的实际情况单独分析，所以也不是没有机会。另外，一些团体高端医疗险也会愿意承担一些已有疾病的风险，能保多少，就要看具体产品了。

3. 投保后发现患病能理赔吗

投保后发现患病能否理赔这一问题应该是大家比较关心的问题。有人问："投保时不知道自己得了这个病，以健康体投保了，后来生病了，保险公司能赔吗？"

如果投保人患有医学明确规定的先天性疾病，那么保险公司是免责的，即保险公司可以不进行理赔。

如果投保人患有遗传性疾病，按理说保险公司也是免责。如果你觉得拒赔不公正，可以诉诸法律。法律规定"谁主张，谁举证"，保险公司如果能证明你患的是遗传性疾病就可以拒赔，如果不能证明就需要赔付。

实际上，保险公司关注的是以下几个问题：

- 遗传性疾病是否已经有显性的表现；
- 表现是什么；
- 表现与保单所覆盖的保险责任是否有联系。

因此，大家不用担心这个条款会成为保险公司的"免赔金牌"。在个别案例中，法院以"保险公司并未对属于遗传性疾病的类型或疾病名称进行具体罗列"为由，认为"保险公司未尽如实告知义务"，从而判决保险公司赔付。

〔案例1〕

2011年4月27日，张某在某保险公司为女儿小张投保了一年期的附加"安心住院费用"的医疗保险，缴纳了362元保费。当时，张某向保险公司提交了女儿的医学出生证明，证明女儿健康状况良好，女儿也没被要求做其他检查或提交其他健康证明。

2011年6月，女儿被检查出患有先天性心脏病。2011年7月24日至2011年8月18日，女儿在医院住院治疗，各项医疗费用为44 554.28元。依据保险合同，女儿的各项保险金为6 941.65元，张某要求保险公司支付保险金6 941.65元，保险公司以张某隐瞒女儿病情为由拒绝赔付，张某要求赔偿未果，遂诉讼到法院。

法院认为，张某给女儿买保险时签订的保险合同内容是张某和保险公司双方的真实意思表示，合同合法有效。根据医院对女儿的诊断，可以认定女儿的疾病是先天性疾病，是其一出生就具有的。这是投保前就存在的风险，保险公司免责。但女儿的疾病是张某在投保后才发现，不是张某故意隐瞒，故张某的行为属于因重大过失而未履行如实告知义务。

据此，法院判决保险公司退还张某保险费362元，无须支付保险金。

〔案例2〕

2008年，王某为其儿子向某保险公司投保了医疗保险。合同约定，被保险人因患有遗传性疾病身故的，保险公司不承担保险责任。事后，王某的儿子被确诊为β地中海贫血双重杂合子。2010年7月，儿子因病去世。然而，当王某在办理保险理赔时却遭到拒赔，因双方协商未果，王某将保险公司告上法院。

法院经审理认为，虽然保险合同免责条款中有"遗传性疾病导致身故的，保险人不承担保险责任"的内容，但是保险公司未对属于遗传性疾病的类型或疾病名称进行具体罗列，而仅以遗传性疾病这一总称予以概括，此类专业性医学术语的使用不能让投保人明了条款的真实含义和法律后果。同时，也未有证据证明保险公司已尽到明确说明的告知义务。

因此，法院认为，保险合同免责条款未对原告产生效力，保险公司应承担给付保险金的义务。

第七章

投保后必须知道的事

7

选保险需要耗费大量的时间和精力。很多人觉得选好了保险组合，也缴了保费就可以了，其实这个时候事情还没有结束，因为就算交完钱，后续还有很多需要注意的事项。

一、认真对待电话回访

（一）为什么要重视电话回访

大家在购买了保险后不久，一定会接到保险公司的一个电话。这是保险公司的回访电话，工作人员会在电话中询问你购买保险的情况。为了保障消费者权益，避免销售误导，各保险公司监管部门要求各保险公司设立电话回访环节。通过电话回访，保险公司可以达到"从承保前端严格把关业务品质"的目的。

然而，很多买了保险的人既不十分了解投保的基本知识，也不认真对待电话回访，而这最终损害的还是其自身的利益。实际上，电话回访对于买了保险的人来说不是可有可无的，而是十分重要的。我们必须重视电话回访。

相信大家都有这样的经历：我们在买保险的时候，认识条款中的字，但就是读不懂条款的意思。保险的条款那么多，很多人并没有认真了解。有些人觉得了解了大概内容就差不多可以买了，这往往使很多重要的内容被忽略了；有些人为了省事直接通过熟人介绍购买保险，根本没看过保险合同。投保人不了解产品和细节，在理赔时就很容易与保险公司产生纠纷。

为了确保消费者的知情权，规避销售误导，监管部门规定保险公司必须进行回访。只要你买的是一年期以上的长期保险，保险公司就会对你进行回访（通常采用电话回访的方式）。回访人员会确认你的基本信息，并提示你注意一些重要信息，例如，犹豫期有多长，基本的保障有哪些，免责事项是什么等。

回访电话全程都会被录音——万一出现纠纷，录音还可以作为证据被使用，以免双方相互推卸责任。

（二）有关电话回访的注意事项

有的人觉得设定回访这个环节是多余的，有的人会把回访这件事想得很复杂。其实，回访是对投保人的一种保护，不会涉及销售，其整个过程也非常快。下面，我们来看一下，在电话回访时保险公司一般会提出哪些问题。

（1）是否出于本人意愿投保

确认你是否出于本人意愿投保，以排除骗保或业务员违规操作的可能性。

（2）是否清楚保险条款

回访人员会向你确认犹豫期的天数，询问你是否清楚保险责任、责任免除等内容。如果你对条款还有不太明白的地方，可以在犹豫期把问题弄清楚，判断这份保单是否符合自己的预期。即使你不满意，在犹豫期内退保也没什么损失。

（3）是否了解险种信息

如果你买了长期保险，你可能要交为期20年或30年的保费。因此，回访人员还会提醒你注意一些险种信息以及后续交费事项。如果你没弄明白，没法缴纳后续保费，那么你的财产和利益就会遭受损失。所以请认真对待回访电话。

二、必须知道的保险理赔误区

保险是一种"看不见、摸不着"的商品——从买保险到真正理赔可能会相隔几十年的时间。因此，老百姓普遍对保险理赔有不少误解。

（一）只要买了保险，就什么都能索赔

很多人不知道保险有许多种类，更不知道不同险种的保险责任是不一样的。很多人以为只要买了保险，就能随意索赔。有些人会拿着意外险的合同向保险公司索赔治疗感冒所花费的医药费。其实，并不是只要买了一份保险就什么都能索赔的，因为各个保险的功能是不一样的。

（二）保险公司靠拒赔赚钱

也许有的人会觉得，保险公司靠收保费赚钱，如果保险公司赔得多了，就赚得少了，所以保险公司会想尽办法不理赔。实际上，保险公司在给保险产品定价时就已经根据发病率、死亡率等估算出将来会有多少人出险，以及其需要

理赔多少钱了。因此，对保险公司来说，只要符合理赔条件，它们就会理赔。

保险公司的利润来源有以下三个：一是利差益，即保费的投资收益大于预期投资收益；二是死差益，即实际死亡率低于预计死亡率而产生的收益；三是费差益，即实际理赔费用低于预期理赔费用而产生的收益。当然，保险公司最主要的利润来源还是利差益。因此，保险公司不是靠拒赔赚钱的，所以我们不用担心保险公司不理赔。

（三）小公司理赔难

一般情况下，保险公司的背后都是实力雄厚的大财团，根本就没有所谓"小保险公司"。但仍然有不少人觉得大保险公司比较稳妥；小保险公司让人觉得不安全。实际上，这是一种错觉。

下面，我和大家分享一份 2018 年的部分保险公司的理赔年报（见表 7-1）。

表 7-1　2018 年部分保险公司理赔年报

保险公司	年度理赔总额	理赔申请支付时效	获赔率
中国人寿	400 亿元	—	99.40%
中国平安	268 亿元	—	—
太平洋寿险	130 亿元	0.2 天（小额件）	99.20%（小额件）
新华保险	81 亿元	2 天	97.96%
华夏保险	22 亿元	—	97.31%
阳光人寿	17.1 亿元	1.7 天	99.98%
天安人寿	9.4 亿元	2.0 天	98.69%
工银安盛	7.8 亿元	—	97.00%
华泰人寿	2.3 亿元	1 天	97.19%
中德安联	2 亿元	2.2 天	—
同方人寿	1.9 亿元	2.3 天	97.00%
利安人寿	1.9 亿元	1.9 天	98.87%
陆家嘴国寿	1.8 亿元	1.9 天	—
长城人寿	1.6 亿元	1.6 天	98.16%
恒安标准	1.1 亿元	1.3 天	99.57%
吉祥人寿	1 亿元	0.3 天	99.56%
复兴保德信	0.3 亿元	1.4 天	98.50%

我们可以看出，无论是大公司，还是所谓小公司，其顾客获赔率基本都能达到97%。所以，所有保险公司在理赔上几乎都没有差别。

我国相关法律规定，保险公司应当及时核定理赔申请，情况复杂的应在30日内做出核定，否则应当赔偿被保险人或受益人的损失。

总之，保险业是受国家有力监管的，购买保险是相对安全可靠的，大家可以根据自身条件和需要放心购买。

三、轻松看懂保险理赔规则

既然购买保险是安全的，那么为什么还有很多人认为保险理赔难呢？如果我们明白了以下几件事，就能轻松看懂理赔规则。

（一）确认投保险种

首先，大家要知道不同的险种其对应的风险也是不同的，如果你不了解自己买的是什么险种，就可能不知道自己在什么情况下可以申请理赔。为了让大家更清楚每个险种的情况，我们来看一看下面这张表（见表7-2）。

表 7-2　各险种详情一览

险种	保什么	怎样赔	保多久	赔给谁	有什么用
重疾险	重大疾病	一次性给付	终身/定期	自己	弥补收入损失、缴纳医疗费用、缴纳康复费用
医疗险	疾病医疗、意外医疗	报销费用	一年	自己	缴纳医疗费用
意外险	意外身故	一次性给付	一年	受益人	保障遗属生活，还房贷、车贷
	意外伤残	一次性给付	一年	自己	弥补收入损失、缴纳康复费用
	意外医疗	报销费用	一年	自己	缴纳意外医疗费用
寿险	疾病身故、意外身故	一次性给付	终身/定期	受益人	保障遗属生活，还房贷、车贷

我们可以看出，每种保险的内容与作用都不一样，相互之间无法替代。因此，如果我们想规避人生中的不同风险，那么我们需要的就不是一种保险，而是一个保险的组合。

（二）确认产品的保障范围

在确认险种后，我们还要明确自己所购买产品的具体保障范围。因为即便都是重疾险，不同公司的产品也会有不少差别。

1.重疾险保什么

在重疾险的合同中，会清楚地写着重疾包括哪些种类，达到什么程度算轻症 / 中症 / 重症，按照什么标准理赔，赔多少等内容。

目前，市面上 99% 的重疾险都包含 25 种法定重疾（见图 7-1），各家公司的理赔标准基本一致。此 25 种法定重疾理赔约占重疾险理赔总额的 95%。

恶性肿瘤	双目失明
急性心肌梗死	瘫痪
脑中风后遗症	心脏瓣膜手术
重大器官移植术或造血干细胞移植术	严重阿尔茨海默病
冠状动脉搭桥术	严重脑损伤
终末期肾病	严重帕金森病
多个肢体缺失	严重Ⅲ度烧伤
急性或亚急性重症肝炎	严重原发性肺动脉高压
良性脑肿瘤	严重运动神经元病
慢性肝功能衰竭失代偿期	语言能力丧失
脑炎后遗症或脑膜炎后遗症	主动脉手术
深度昏迷	重型再生障碍性贫血
双耳失聪	

图 7-1　银保监会定义的 25 种重大疾病

但是，国家对于轻症／中症的界定是没有统一标准的，各家公司的保险有的有轻症／中症之分，有的没有，有轻症／中症之分的重疾险，其保障范围也有一定差异。

例如，李某因为心脏病在医院做了冠状动脉介入手术，理赔时却被保险公司拒赔了。其理由是该公司只保障需要"开胸"的冠状动脉搭桥手术费的理赔，而不保障"微创"的冠状动脉介入手术费的理赔，也就说李某的症状还没达到"重疾"的程度，保险公司是不赔的。

因此，我建议大家在买重疾险的时候务必关注一下自己所买的保险是否包含高发轻症或中症理赔。如果李某买的重疾险包含轻症或者中症理赔，那么，即使她的病情没有达到重疾的程度，她也会得到一部分理赔——高发轻症一般赔付保额的20%，中症赔付保额的30%。大家可以研究一下各家公司对同一病种的理赔差异，也可以咨询专业保险经纪人或代理人，从而挑选适合自己的保险种类。

2. 医疗险保什么

2018年，慕容先生在医院做了手术，花费了几万元，可是他在申请理赔时却被告知私立医院不在保障范围之内。从这个案例我们可以看出，其实很多人对自己购买的保险并不了解。我建议大家在买医疗险时，一定要重点关注医疗险的保障范围。一般而言，我们要注意以下几个问题。

（1）医院类型：是只能保障公立医院，还是也可以保障私立医院？对医院的等级有没有要求？

（2）门诊／住院：如果所购买的是住院医疗险，那么在门诊看病的费用是无法报销的。

（3）病房类型：大部分的医疗险不能报销高级病房住院费。

（4）报销范围：报销的费用是否限定在医保范围内？医保范围外的费用能不能报销？

3. 意外险保什么

保险中的"意外"和大家理解的"意外"不太一样。意外险的理赔关键在于如何定义"意外"——一定是外来的、突发的、非本意的、非疾病的。

常见的交通事故、溺水、触电、烧伤、烫伤等都是符合"意外"的定义的，被保险人都可以获得赔付。

而猝死、中暑、高原反应属于疾病，自杀、自残属于故意行为，被保险人都无法获得意外险的理赔。

如果被保险人的确发生了意外，并由此导致身故或残疾，那么他就可以获得相应的赔偿。意外身故是一次性赔付的，如果投保人买了100万元保额的保险，受益人就会得到100万元的赔偿；而意外残疾是按具体的残疾等级赔付的，即一般分为10个等级，根据级别赔付10万元至100万元不等。

4. 寿险保什么

意外险只保意外身故，而寿险是不区分身故原因的——意外身故、疾病身故，甚至自杀都给予理赔，用通俗的话说就是"只要身故就赔"。

与意外险一样的是，寿险也是一次性赔付的，即如果投保人买了100万元的保额，那么保险公司就要赔100万元。

为了让理赔更加顺利，减少不必要的纠纷，我建议大家认真阅读合同中的条款。其实，在什么情况下能赔，在什么情况下不能赔，在条款中里都写得很清楚。这和保险公司的知名度高不高、你所购买的保险价格高不高，以及你认不认识保险公司的人等因素没有直接关系。

四、手把手教你理赔

有的人即使把保险条款都弄明白了，也不明白该怎么申请理赔。在此，我就给大家介绍一下保险公司是如何理赔的。

（一）通知报案

如果我们想尽快让保险公司理赔，那么在发生了事故后，我们需要尽快向保险公司报案。

1. 谁去报案

投案人应为投保人、被保险人、受益人或其他有权领取保险金的人。并不是每个人都有向保险公司报案的资格，保险公司对报案人的身份有所规定。通常情况下，报案人应是与这份保险合同有直接联系的人。在后续的申请理赔环节，报案人还要出具相关身份证明。

2. 什么时候报案

保险公司一般要求相关人员在知道保险事故发生之日起 10 天内报案。不同的保险公司对报案时间的规定略有不同。

可是，超出限定天数之后我们就不能报案了吗？当然不是，超出一定时间之后我们仍然可以报案。保险公司对报案时限的要求是基于事故鉴定设计的，一般而言，离事故发生的时间越长，事故责任的鉴定工作就越困难，而由此导致保险公司增加的勘查、检验等费用，是要由相关人员自己承担的。

如果因为相关人员报案延迟导致事故的性质、原因、伤害程度等难以确定，那么保险公司对于无法确定的部分不承担给付保险金的责任。当然，由地震、海啸等不可抗力导致的延迟除外。

（二）申请理赔流程

1. 准备材料

相关人员报案后，保险公司会派专人指导其收集资料。下表为人身保险理赔报案材料，请大家参考（见表 7-3）。

表 7-3 人身保险理赔报案材料

事故类型	重疾	身故	医疗	伤残
特定资料	疾病诊断证明	死亡证明、户籍注销证明、受益人关系证明、事故证明	医院病历、医疗费用发票、费用明细清单	伤残鉴定书、事故证明
通用资料	保险合同、理赔申请书、身份证明文件、银行卡账号			

疾病诊断证明是理赔的重要依据。我们需要注意的是，疾病诊断证明必须是二级以及二级以上的医院开具的。

申请理赔金的人必须是有资格获得理赔金的人。如果是代申请的情况，则需要提供委托人亲署的授权书和受委托人的法定有效身份信息。当然，委托人必须是有资格获得理赔金的人。

对身故理赔申请人身份的鉴定涉及指定受益人和法定受益人有所差别这一问题。假设被保险人已身故，如果受益人是指定受益人，那么只需要由指定受益人准备相关资料申请即可；如果受益人是法定受益人，那么相关流程就会比较复杂。保险公司要对法定受益人的身份进行核实，从而确保受益人是第一顺序继承人。保险公司所需材料还包括活着的继承人与被保险人的关系证明、已经过世的继承人的死亡证明。对于继承人已死亡的情况，还会涉及代位继承等问题，如果没有指定收益份额，那么同一等级的继承人所继承的遗产份额应当一样。

2. 鉴定材料

对于重疾险的理赔，如果保险公司在当地没有相应的营业网点，那么公司往往会委派专人至被保险人家中或所在医院进行资料的接收，同时对被保险人的情况进行了解。如果保险公司在当地有营业网点，我们也可以选择自行到保险公司的柜台递交资料，或者邮寄资料。

在收到客户递交的资料后，保险公司的相关工作人员会对资料进行审核。我们只要等待理赔结果就可以了。在这个过程中，如有必要，保险公司会委派工作人员和我们联系，对一些情况进行进一步的核实，我们如实回答即可。

不同险种对于保险事故责任的鉴定资料要求不一样，我们要根据保险公司的要求进行准备。除了保险公司要求的资料以外，申请人如果有能够帮助确认保险事故的性质、原因等其他证明资料，也可以一并提交。

另外，如果你的资料准备得不够齐全，那么保险公司在对你已提交的资料进行整理和鉴定之后，会让你一次性补交剩余的相关材料。

（三）保险金给付流程

1. 核定材料需要多久

收到证明后，保险公司会在一定期限内（5 天或 10 天内，具体天数可参照保险条款）对相关证明做出核定。对于情形复杂的保单，公司也会在 30 日内做出核定，但合同中另有约定的除外。

2. 什么时候给付

保险公司会在与被保险人或者受益人达成给付保险金协议后的 10 日内给付保险金，具体天数视具体条款而定。大部分保险公司对于责任认定清晰的事故都会尽快理赔。

保险公司经核定后，对于不属于保险责任的情况，应当自做出核定之日起的 3 日内向被保险人或受益人发出"拒绝给付保险金通知书",并说明理由。

无论是否理赔,保险公司都不会故意拖延。保险公司对于不理赔的决定,也会及时向客户给出反馈,并说明拒赔理由。如果客户对保险公司的拒赔理由不认可,则可以通过协商、仲裁或者诉讼等方式解决。

3. 理赔金额不确定

自保险公司收到保险金给付申请书及有关资料之日起的 60 日内,对于给付保险金的数额不能确定的情况,保险公司应根据已有证明和资料可以确定的数额先予支付;在最终确定给付保险金的数额后,保险公司将支付相应的差额。

例如,在对疾病进行鉴定时,保险公司在暂时还不确定事故属于轻症保障还是重疾保障的情况下,可以先给付轻症理赔金。如果最终重疾责任确定下来了,那么保险公司再给付相应的差额。

4. 理赔金返还

这种情况多出现在身故保障中,例如,被保险人被宣告死亡了,保险公司按照合同约定给付了身故理赔金。但后来被保险人又重新出现,或者有确切消息证明其并没有死。在这种情况下,保险金领取人应于知情后的 30 日内退还已得到的保险金。合同的效力由双方依法协商处理。

五、遇到保险理赔纠纷怎么办

当灾难降临时,如果我们不能顺利得到理赔,可能会感到非常无助。万一发生了理赔纠纷,我们该如何处理呢?

(一)为什么会发生理赔纠纷

数据显示,保险公司拒赔最主要的原因是:带病投保、等待期出险、不属于"意外"。

1. 带病投保

对于健康险而言,投保人在投保前没有如实告知保险公司其已患有的疾病和症状,按照我国相关法律规定,这种情况不在承保范围内。

2.等待期出险

为了有效防范道德风险，降低逆选择发生的可能性，保险公司通常都会对重疾保险和医疗保险设置"等待期"，也就是我们平常所说的"观察期"，只有过了这一时期才能进行理赔。

3.不属于"意外"

被保险人猝死、中暑、食物中毒、自杀等情况都不属于"意外"。我们普通人理解的"意外"和保险公司定义的"意外"是有些差距的，保险公司对于"意外"的定义是外来的、突发的、非本意的、非疾病的。

〔**案例1**〕

骆先生在浴室洗澡时不慎滑倒。当家人发现时他已不能自主呼吸，经抢救无效身亡。许多人会认为意外摔倒导致身亡应该属于意外险的赔付范围，实则不然。

不赔理由

普通消费者对此很难理解，但换个角度来看，如果是一个健康的人摔倒了，可能导致骨折或一些小擦伤。在这起事故中，真正导致被保险人死亡的是其自身的疾病，而滑倒只是诱因，并不起决定性作用。这正是保险赔付的"近因原则"，即出现多个原因导致损失时，往往以最直接、最有效、起决定性作用的原因作为赔付的依据。

〔**案例2**〕

张先生在某年夏天走下公交车后因中暑突然晕倒。他在被送往医院后，经抢救无效身亡。张先生的所在单位为他购买了意外险，于是向保险公司提出理赔申请。但保险公司认为中暑不属于意外，拒绝理赔。

不赔理由

中暑是一种疾病，与患者的身体机能、身体素质有关。中暑是由内在因素引起的，并且在一定程度上是可以避免、可以预见的，而不是突发的。因此，中暑不是"意外"，保险公司可以不赔。

〔案例3〕

王女士在2018年12月购买了某意外险产品，不久后她意外摔倒了（当时她已怀孕7个多月），身上出现多处伤痕，经住院治疗后成功保胎。之后，王女士提出理赔申请却遭到保险公司拒赔。

不赔理由

由于被保险人妊娠时意外风险增加，多数意外险产品将"被保险人妊娠、流产、分娩"列为免责条款。目前，只有母婴综合保险才可以保障妊娠期的风险。

因此，我们无论购买什么保险，都要看清楚这款保险的基本内容和免责条款，只有这样才能减少纠纷和不必要的麻烦。

有部分保险公司的工作人员并没有如实告知投保人全部条款内容。投保人忽视了免责事项，对保险期望过高，才会导致在理赔时发生纠纷。我建议大家在投保时要仔细阅读保险合同的全部内容，毕竟这涉及大家的切身利益。

（二）发生了理赔纠纷怎么办

万一发生了理赔纠纷，我们可以通过协商、仲裁、诉讼三种方式来解决。

1. 协商

协商是指合同双方在自愿、互谅、实事求是的基础上，对出现的争议直接沟通、友好磋商、消除纠纷，对所争议问题达成一致意见，自行解决争议。

2. 仲裁

国家对保险企业的监管特别严格，各类保险合同有好几百种，各保险合同的保险条款内容也不一样。仲裁委员会从各保险公司聘请了一批仲裁员处理保险纠纷，从而使保险纠纷能得到公正、合理的解决。仲裁程序相对简单，许多纠纷当天就能结案。仲裁裁决一裁终局，没有上诉、申诉环节，从而节省了当事人的时间。

3. 诉讼

诉讼是指保险合同当事人的任何一方按法律程序，通过法院对另一方当事人提出权益主张，由人民法院依法定程序解决争议、进行裁决的一种方式。这也就是我们俗话所说的"打官司"，这是解决争议最激烈的方式。

〔案例〕

穆女士在半个月的时间内连续向 7 家保险公司投了 8 份意外保险，保额共计 1 300 万元，穆女士 1 个月后意外身亡。保险公司认为被保险人在半个月内连续购买 1 300 万元的意外险，有骗保嫌疑。最后法院认为，被保险人因大雨、路滑、操作违规，导致轿车驶出道路，坠于水库，溺水而亡。起因是交通事故，致死的直接原因是溺水，属于"外来的、突发的、非本意的、非疾病的"意外事故，应在理赔范围内。法院最终认定被保险人的死亡属于保险合同约定的"意外身故"，判定 7 家保险公司支付赔偿金共计 1 300 万元。

从情理上来看，保险公司的怀疑也不无道理，而法院终究还是看重证据的，因此最后判定赔付。所以，当我们遇到保险纠纷并且协商无果时，我们可以通过法律途径维权。

4. 通融赔付

保险公司都会预留一定比例的资金用于通融赔付。通融赔付是指保险公司根据保险合同约定本不应承担赔付责任，但仍赔付全部或部分保险金的行为。通融赔偿一般适用于投保人或被保险人的业务量很大，而且信誉比较好的情况。

通融赔偿有利于保险公司的经营和发展；有利于增强竞争力，留住客户，维护公司信誉。

六、忘记续交保费，合同会马上失效吗

长期型和终身型的保险产品的缴费期限都很长，有的可能长达 20 年或者 30 年。在这么长的时间里，万一我们忘记交保费怎么办？合同会不会马上失效？

（一）宽限期（60 天内）

长期型保险都设有一个为期 60 天的缴费宽限期。如果投保人在此期间补缴保费，保险合同仍有效。

宽限期间缴付逾期保费并不计收利息。如果被保险人在宽限期内死亡，保险仍有效，保险公司承担保险责任并支付保险金，同时扣除应缴的当期保费。

如果过了宽限期，投保人仍未续缴保费，保单暂时失效，投保人出险无法获得理赔。我们不妨在投保时详细咨询关于"宽限期"的问题，以备后患。

（二）中止期（61 天至两年）

如果投保人过了宽限期后还未缴费，合同会失效并进入中止期。合同失效后，保险公司对于失效期间发生的保险事故不承担保险责任。

投保人在办理合同复效时，不仅要补缴保费，而且要补缴利息，其利息率可能略高于保单保证利率。更麻烦的是，投保人办理复效手续时，保险公司要重新进行核保。保险公司如果认为被保险人的身体健康状况已不符合要求，就有可能拒绝复效。

（三）终止期（两年后）

如果投保人忘记缴费两年之后，依旧未申请保单复效，则合同进入终止期。这就意味着此保单再也不能复效了，投保人只能选择退保。退保是指保险公司只退还保单的现金价值，并不退还所有的已交保费，这对投保人来说，是一个不小的损失。

我建议大家在购买保险产品时，可选择保费自动垫交模式。也就是说，如果投保人在宽限期结束时仍未缴纳保费，保险公司将以该合同的现金价值扣除各项欠款及应付利息，之后所剩余额将自动垫交到期应交的保费，同时该合同继续有效。这就避免了投保人出现意外无法及时缴纳保费而导致保单失效的情况。

如果保单的现金价值扣除各项欠款及应付利息后的余额不足以全额垫付到期应交的保费，那么合同自宽限期满日的 24 时起效力中止。

以下是有关三个时期的具体注意事项（见图 7-2）。

宽限期、中止期、终止期

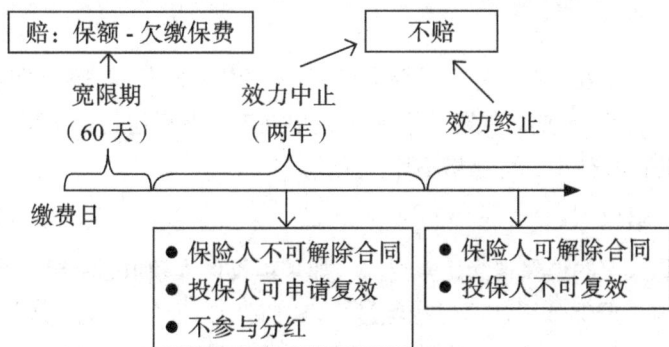

图 7-2　宽限期、中止期、终止期的注意事项

七、有关退保的注意事项

某保监局接到消费者张某的投诉，称其购买了某 A 保险公司缴费期限 10年、保障终身的保险产品，且已连续缴费 3 年。后来张某的朋友向其推荐了另一家保险公司的一款收益更好、保障更高的产品。在朋友的热心推荐下，张某到 A 保险公司柜台办理了原保单退保，损失了 6 万余元。但在投保时发现，该产品并不保证收益，且需重新体检、重新起算 180 天的观察期，每年缴费金额也上涨了 2 000 余元。张某感觉不合算，要求 A 保险公司恢复其原保单，但被拒绝。

下面，我们来探讨一下消费者中途退保需要承受多大损失，如何减少退保损失，以及我们在退保时需要关注哪些问题。

（一）退保的原因

- 实在没钱花了，想获得保单现金价值。
- 没钱缴纳续期保费。
- 买错保险。

当然每个人退保的理由都不一样，但是我想提醒大家退保需谨慎，因为你的财产会遭到损失。

（二）退保的类型

1.犹豫期退保

投保人可以在合同约定的犹豫期内退保。保险公司一般规定投保人收到保单后 15 天内为犹豫期。保险公司通常会扣除工本费后退还全部保费，投保人需要承担的损失很小，可忽略不计。

2.正常退保

超过犹豫期的退保视为正常退保。如果是投保人领取过保险金的保单，那么其不得申请退保。正常退保指经过一定时间后，投保人可以提出解约申请，保险公司应自接到申请之日起 30 天内退还保单现金价值。这里说的是退保单现金价值，而不是你交的总保费！一般带有储蓄性质的人身保险单才有现金价值。

简单地说，保单现金价值属于投保人的财产，投保人可以随时去保险公司支取，不过很少有人这么做，往往在退保或出险时，他们才会想到这笔钱。投保人退保时能领取的保单现金价值就是退保金。保单现金价值的特点是"先低后高"，第一年的现金价值是非常低的。所以才会有人觉得自己交了那么多保费，现金价值怎么这么少，还不如存银行划算。现金价值、保费与投保时间的关系如图 7-3 所示。

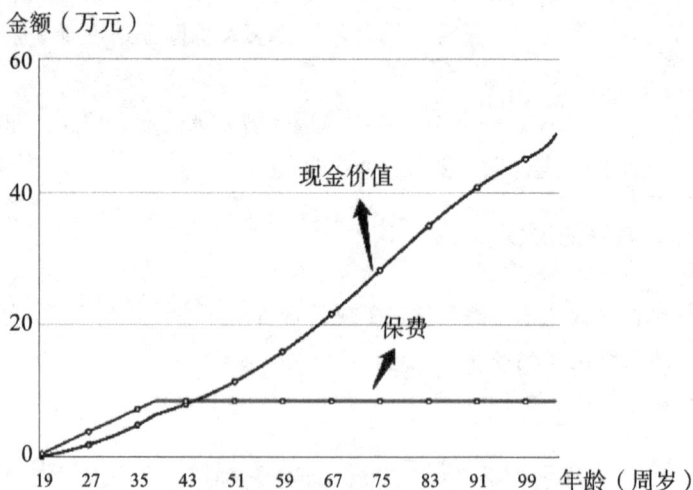

图 7-3　现金价值、保费与投保时间的关系

保险不同于银行存款，保险重在保障。虽然有些人认为买了保险也没用，但在保险期内，保险公司却时刻准备着承担赔偿责任。

（三）投保人退保后再投保需要接受重新核保

投保人一旦退掉原来买的保险，如果再想买同类保险，那么保险公司需要根据被保险人现在的身体状况重新核保。此时，被保险人的年龄大了，其所交保费肯定会有所增加。假如被保险人患有某些疾病，保险公司可能直接拒保。

重新投保是有等待期的，为了避免风险，我们在退保前需要提前买好新的保险产品，并在等待期结束后再退保。

第八章

带你走出购买保险的误区

8

保险是对未来生活的保障，随着人们生活水平的提高，越来越多的人开始意识到保险的重要性。但是很多人在买保险的过程中，还是存在很多思维误区。我整理了一些最常见的误区，以供大家参考。

一、误区一：有了社保就不需要商业保险了

经常有人说自己都有了社保，为何还要买商业保险。在回答这个问题之前，我们先分析一下社会保险和商业保险有何区别。

社会保险与商业保险是一种互补关系，并不是一种替代关系。社保提供与工作相关的最基本保障，包括养老保险、医疗保险、失业保险、生育保险和工伤保险五大类，被保险人只能得到最基本的保障。

商业保险是以盈利为目的的保险。通俗地讲，保险公司是要靠保险赚钱的。

即便我们已经有社保了，还是需要购买商业保险的。其理由是社保里的医保是先治疗后报销，能报的金额也是非常有限的。如果一个人得了癌症，通过社会医疗保险报销并不能解决所有医药费问题，患病期间的护理费、营养费、误工费等通过医保也是不能解决的。而如果你买了商业重疾险并被确诊患有癌症，那么保险公司就会尽快依据合同约定的金额赔付，而并不会干涉你如何处置这笔钱。

同理，老年人只靠社保也是不够的。在某种意义上，社保只能让我们在晚年"过得下去"，而商业保险能使我们在晚年"过得很好"。社保是基础，我们可以用商业保险弥补社保的不足之处，因此，"社保＋商业保险"才是最佳组合。

二、误区二：我很有钱，不需要买保险

有的人觉得自己很有钱，根本不需要买保险，就算万一出现风险，自己也能承担，况且如果没有风险，自己所交的保费不就浪费了吗？事实上，天有不

测风云，人有旦夕祸福，谁能保证自己与家人一生都不出现任何风险？万一自己得了重疾，可能要花费 100 万元，而通过合理配置保险也许只需要花费 1 万元，这样可以节省一大笔财富。而且现在有钱并不等于一辈子有钱，许多人因为投资失败、家庭破裂、法律纠纷等原因而损失了大量财产。如果一个人破产，那么他可能失去存款、基金、房产、汽车等财产。但是如果他合理配置保险，那么有些财产是可以受到法律保护的。

三、误区三：我的经济负担重，不用买保险

有钱人需要买保险，其实普通老百姓更需要买保险，因为保险有聚集社会闲散资金、分散风险的功能，个人只需要缴纳少量保费就可以获得相当于保费几倍甚至几十倍的保额。因此，经济条件不太好的家庭更加需要保险，因为这样的家庭基本上经受不起任何疾病、意外等风险。而且，目前保险缴费水平并不算很高，绝大多数家庭都有能力承担。

四、误区四：买保险等于浪费金钱

对每个人来说，健康和生命都是非常珍贵的，而健康和生命有时也是相当脆弱的东西，因为谁也不能保证自己永远不得病，谁也不能保证自己永远不出意外。我们在适当的时候买一份保险，以后就可以拥有一份保障。

可以说，现在很多人在年轻时"用健康换金钱"，到年老时却"用金钱换健康"。而购买重疾险和医疗险能够适当减轻我们的经济压力，避免给家庭带来沉重负担。万一我们不幸离世，也会给家人留下一笔保险金。因此，我们不能简单地认为自己买保险是浪费金钱。

五、误区五：年轻人没有家庭负担，不用买保险

还没有成立家庭的年轻人没有太大的负担，但是也要考虑为父母提供一份保障。另外，保险的保费与被保险人的年龄、健康状况密切相关。我们在年轻、身体健康时买保险，所交的保费低；在年纪大、身体状况欠佳时再买保险，所交的保费高，同时还可能面临除外责任或拒保的风险。所以健康的年轻

人可选择的余地更大。从另一个角度来看，我们在年轻时买保险相当于一种强制性储蓄，可以帮助自己养成良好的消费习惯。

六、误区六：我已经买过保险，不用再买了

仅仅一份保单是不可能提供非常周全的保障的，我们要想给自己和家庭充足的保障，就需要购买一个保险组合。有时我们不仅需要买意外险、重疾险、医疗险、养老险等人身保险，还需要买车险、家财险等财产保险。只有这样，当我们面临各种各样的风险时，才有对应的保险产品来提供保障。

另外，一个人应该买多少保额不是凭空想象出来的，而是要通过一套科学的计算方法计算出来的，即根据个人的财产、家庭结构、未来的期望、收支情况、通货膨胀等数据计算出所需的寿险、养老险、医疗险的保额。很多人认为自己买了 10 万元保额就够了，但其实随着生活品质、家庭成员的变化，其需要的保额可能越来越大。因此，保额是一个不断优化、动态调整的过程。

七、误区七：孩子能给我养老，我不需要保险

随着社会的发展，传统的"养儿防老"的模式已经几乎无法实现了。首先，因为这个模式风险很大，想靠自己养老，必须具备子女有能力、有意愿等条件；其次，靠子女养老可能有房住、有饭吃，但是较难保证自己有一个相对自由的老年生活；最后，子女将来可能不仅要养四位老人，还要养小孩，自己还要面临激烈的社会竞争，负担很重，常常会感到有心无力。所以，养老不能靠孩子，与其指望孩子不如指望自己。因此，为了拥有几十年相对高品质的老年生活，我们现在可以把收入的一小部分用来购买养老保险。

八、误区八：优先给孩子买保险

我们能够理解父母的心情。我们在没孩子之前，享受当下，想不到为自己买保险；我们在有了孩子之后，先给孩子买一份教育金保险，把爱给了孩子，忽略了自己，又没为自己买保险。

一些保险公司抓住了父母的这种心理，推出各种各样的针对孩子的保险套

餐，满足了父母爱孩子的心理。然而，这些所谓的"教育金险"可能远远解决不了教育的需求。

大家千万不要忘记了这样一个事实：孩子生病了，如果父母的收入较高，即使不买保险，也不会给家庭带来太大的经济压力。但是，如果家庭的"经济支柱"的收入永久中断，那么将给家庭带来很大的经济压力。因此，我们应该在给家庭的"经济支柱"充分配备保险的基础上，再考虑为孩子购买合适的保险。

九、误区九：过度关注保险产品，忽略真正的需求

很多人都希望快速知道应该怎么购买产品，自己购买的产品或者别人推荐的产品好不好，到底哪家保险公司的产品更好。我能理解大家的心情，也愿意帮助大家分析保单，但是，如果不了解你的财务状况、生活负担，家庭人员结构以及对未来的追求，我如何能确保自己开出的"配方"是适合你的呢？这和投医看病是一个道理。

在此，我给大家举个例子。家庭的"经济支柱"的人寿保障（即寿险，因任何原因离世都能获得理赔）是所有保障的基础，那么，我们应该如何确定其保额呢？

我们要了解家庭的负债情况、孩子的教育规划、家庭刚性生活支出。其原因是，购买保险是理财规划的重要组成部分，是保证理财目标实现的有效手段。作为家庭的"经济支柱"，你必须考虑哪些目标呢？

- 无论你能不能赚钱，对孩子的教育不能受影响。
- 要按期偿还房贷、车贷。
- 难以缩减家庭的日常支出。

这些都是家庭的"经济支柱"需要考虑的问题，如果我们没有意识到这些责任和风险，或者这些需求都没有被量化，又如何选择合适的产品呢？

总而言之，我们不要过度关注产品，而应该关注个人需求，要根据实际需求为自己和家人配置不同的保险产品。

十、误区十：忽视家庭财务分析

买保险是需要花钱的，有的人愿意贷款买车、买房，但不愿意买保险。可能大家还不清楚，理财的第一步是明确需求，是诊断家庭财务"健康与否"，而非"开药"，买保险也需要"对症下药"。

很多宣导都是先让你"有保险意识""要买保险"，然后就开始推销具体的保险产品。其实，这中间存在一个很大的"逻辑空白区"，即客户买保险是为了解决什么问题？如何了解客户的需求？我们能帮客户解决哪些问题？我们只有明确了客户的需求，才能为其推荐相应的产品。这些问题需要保险从业人员的耐心及专业知识，而不是用简单的推销术就能解决的。

我们在前文中提到要给家庭的"经济支柱"买寿险。那么，到底买多少保额合适呢？我们除了需要了解家庭负债、孩子教育需求、日常刚性支出之外，还要了解自己的已有存款以及夫妻双方的收入占比，才能分别确定保障的需求。

〔案例〕

张女士的房贷为 120 万元，孩子的教育费用为 300 万元、日常刚需支出为 200 万元，存款为 120 万元。张女士的年收入为 30 万元，张女士爱人的年收入为 70 万元。那么，张女士全家应配置的保额为 500 万元（120+300+200-120）。根据张女士和她爱人的收入占比，张女士爱人需要配置的寿险保额为 350 万元（500×70%）；张女士需要配置的寿险保额为 150 万元（500×30%）。

因此，确定寿险保额需要提供很多资料。如果你不如实地提供家庭财务状况，直接就问买那个保险产品，正如去医院不让医生诊断就直接请医生开药。所以，请给自己的家庭财务医生——专业保险理财师多一点时间，让他们好好"诊断"，并为你开一剂良药。

十一、误区十一：小保险公司不可靠

经常有人说，有的保险公司我都没听说过，规模小的保险公司我怕不可靠，不稳定。这种想法是正常的，专业保险顾问需要从保险专业和法律角度告诉客户，即使规模再小的保险公司，也是安全的。因为保险公司都是受银保监会监管的。而且，保险法及其他相关法律对保险公司的保证金、破产有明确的规定，其目的只有一个，就是切实保障投保人和被保险人的利益不受损害。

很多人应该都听说过我国金融业的监管机构"一行两会"，它具体是指中国人民银行、中国银保监会、中国证监会。

中国银保监会作为监管机构，它对保险行业的监督管理十分严格，近些年来，其监管力度越来越大。

（一）保险公司受中国银保监会监管

1. 设立

《保险法》第六十八条规定，保险公司主要股东应具有持续盈利能力，信誉良好，最近三年内无重大违法违规记录，净资产不低于人民币两亿元。

第六十九条规定，设立保险公司，其注册资本的最低限额为人民币两亿元。保险公司的注册资本必须为实缴货币资本。

《保险法》对保险公司的注册资金要求很高。实缴货币资本是公司成立时公司实际收到的股东的出资总额，不可分期、不可延期，且不可用办公室、机器设备等做抵押注册资本，必须为"真金实银"。现在，大家想必明白了再小的保险公司，其实力也是很强的。

2. 保证金

《保险法》第九十七条规定，保险公司应当按照其注册资本总额的 20% 提取保证金，存入国务院保险监督管理机构指定的银行，除公司清算时用于清偿债务外，不得动用。

3. 责任准备金

《保险法》第九十八条规定，保险公司应当根据保障被保险人利益、保证偿付能力的原则，提取各项责任准备金。

4. 公积金

《保险法》第九十九条规定，保险公司应当依法提取公积金。

5. 再保机制

《保险法》第一百零三条规定，保险公司对每一危险单位，即对一次保险事故可能造成的最大损失范围所承担的责任，不得超过其实有资本金加公积金总和的百分之十；超过的部分应当办理再保险。

6. 资金运用管控

《保险法》第一百零六条规定，保险公司的资金运用必须稳健，遵循安全性原则。保险公司的资金运用限于下列形式：

（1）银行存款；

（2）买卖债券、股票、证券投资基金份额等有价证券；

（3）投资不动产；

（4）国务院规定的其他资金运用形式。

保险公司资金运用的具体管理办法由国务院保险监督管理机构依照前两款的规定制定。

7. 偿付能力的监管

《保险公司偿付能力管理规定》第三十七条规定，中国银保监会根据保险公司偿付能力状况将保险公司分为下列三类，实施分类监管：

（1）不足类公司，指偿付能力充足率低于 100% 的保险公司；

（2）充足 I 类公司，指偿付能力充足率在 100%~150% 的保险公司；

（3）充足 II 类公司，指偿付能力充足率高于 150% 的保险公司。

8. 资产独立

《保险公司控股股东管理办法》第十一条规定，保险公司控股股东应当维护保险公司财务和资产独立，不得对保险公司的财务核算、资金调动、资产管理和费用管理等进行非法干预，不得通过借款、担保等方式占用保险公司资金。

9. 清算破产保障

《保险保障基金管理办法》第二十一条规定，被依法撤销或者依法实施破产的保险公司的清算资产不足以偿付人寿保险合同保单利益的，保险保障基金可以按照下列规则向保单受让公司提供救助：

（1）保单持有人为个人的，救助金额以转让后保单利益不超过转让前保单利益的 90% 为限；

（2）保单持有人为机构的，救助金额以转让后保单利益不超过转让前保单利益的 80% 为限。

10. 退场机制

《保险公司保险业务转让管理暂行办法》第七条规定，保险业务受让方保险公司应当承担转让方保险公司依照原保险合同对投保人、被保险人和受益人负有的义务。

第十三条规定，中国银保监会批准保险业务转让后，转让方保险公司应当及时将受让方保险公司基本信息、转让方案概要及责任承担等相关事宜书面告知相关投保人、被保险人，并征得相关投保人、被保险人的同意；人身保险合同的被保险人死亡的，转让方保险公司应当书面告知受益人并征得其同意。

11. 政府接管

《保险法》第一百四十四条规定，保险公司有下列情形之一的，国务院保险监督管理机构可以对其实行接管：

（1）公司的偿付能力严重不足的；

（2）违反本法规定，损害社会公共利益，可能严重危及或者已经严重危及公司的偿付能力的。被接管的保险公司的债权债务关系不因接管而变化。

所有的保险公司都要受到以上各种条款的限定。

（二）公司破产后保单会失效吗

《保险法》第九十二条规定，经营有人寿保险业务的保险公司被依法撤销或者被依法宣告破产的，其持有的人寿保险合同及责任准备金，必须转让给其他经营有人寿保险业务的保险公司；不能同其他保险公司达成转让协议的，由国务院保险监督管理机构指定经营有人寿保险业务的保险公司接受转让。

通俗地说，如果保险公司经营不下去，宣告破产，那么会有另一家保险公司进行兼并、并购。如果没有保险公司进行"接手"，那么银保监会将指定某家保险公司进行兼并。兼并后，原保险公司客户的保单依旧有效。

还有一点需要大家注意，经营有人寿保险业务的保险公司不等同于寿险公司。专业的寿险公司是不会破产的，而这里所讲的有可能破产的保险公司是指依法经营寿险产品的财产保险公司。

（三）小保险公司的产品和服务如何

关于保险公司的规模及名气问题，初次买商业保险的人可能还是比较看重的。在市场经济环境下，品牌的确是一个较大的竞争力。小保险公司因为名气没那么大，所以有些人对其产品和服务会有质疑，毕竟有时候，品牌代表服务的质量。那么，我们就来分析一下，小保险公司的产品和服务到底怎么样。

1. 关于价格

大公司的"线下"分支机构多，但因为运营成本等种种原因，很多大公司的产品都比较贵，性价比一般。"线下"的大公司产品，基本上都不是纯保障型的产品。有的大公司经常把各种保险捆绑在一起销售，而实际上现在还有很多可以单独买的、性价比更高的产品。

大家之所以没听说过小保险公司，是因为其采取了压低成本的经营方式。广告推广及员工开销等费用相对少一些。很多小保险公司还选择了低成本的销售渠道，如互联网销售、公众号销售等，从而能够生产更高性价比的产品，提高公司竞争力。

2. 关于保障

一个保险产品的好坏，取决于它的具体条款，跟保险公司的规模无关。保障和保额都是明确地记录在保险合同里的，生效后是具有法律效力的，不管是保险公司还是消费者，都不能违反合同规定。

因此，保障的完善与否，与保险公司的规模无关，我们要关注具体的合同条款，而不要纠结这个保险公司的规模。

3. 关于理赔

理赔服务是消费者关心的重点。理赔的效率与结果，与被保险人所发生的风险和保障条款有关。

如果风险明确，符合理赔条款无异议，那么保险公司完全没必要拒赔，因为理赔才是保险公司的口碑源泉。同样，如果风险不明确，理赔条款界定不明显，那么就算大保险公司也不会迅速理赔。

一般而言，保险公司的注册资金不低于两亿元。我国保险行业发展也不过短短几十年的时间，所有的保险公司都是逐渐发展壮大的。

总而言之，买保险主要应关注保险条款、完善的保障和足够的保额，就算是小保险公司，只要产品好，我们就可以放心购买。

十二、误区十二：熬过两年不可抗辩期，保险公司一定会理赔

很多人认为，保险是"买起来容易，理赔难"。也正是因为各种各样的理赔纠纷，让一些人对保险公司失去了信任。

在买卖保险的过程中，有些保险从业人员可能经常将不可抗辩条款曲解，认为不管被保险人的身体状况如何，只要度过两年时间，一旦出险，即使保险公司查到被保险人投保前的病史，保险公司也必须理赔。然而，事实真的是这样吗？

还有些人把两年不可抗辩条款看作"免死金牌"，在投保时不如实地进行健康告知，这是非常不明智的做法。接下来，我给大家讲解一下两年不可抗辩条款。

（一）什么是不可抗辩条款

"不可抗辩条款"又称"不可争议条款"，即保险合同生效满一定期限（一般为两年）以后，保险人不得解除合同；发生保险事故的，保险人应当承担赔偿或者给付保险金的责任。

《保险法》第十六条规定，保险人就保险标的或者被保险人的有关情况提出询问的，投保人应当如实告知。

投保人故意或者因重大过失未履行前款规定的如实告知义务，足以影响保险人决定是否同意承保或者提高保险费率的，保险人有权解除合同。

前款规定的合同解除权，自保险人知道有解除事由之日起，超过30日不行使而消灭。自合同成立之日起超过两年的，保险人不得解除合同；发生保险事故的，保险人应当承担赔偿或者给付保险金的责任。

如果投保人没有如实进行健康告知，那么合同成立两年之后发现没有健康告知的，保险人不得解除合同，出险需要理赔；如果保险人在合同订立时，已经知道投保人没有如实告知，那么之后其也无权解除合同，出险需要理赔。

也就是说，即使投保人没有如实进行健康告知，只要合同生效超过两年，保险公司就不能再予以追究。

（二）为什么要设定两年不可抗辩条款

1. 从保险公司的角度来看

保险公司的保单数量庞大，并不是每一名被保险人都需要进行体检。保险公司可以通过健康告知快速分辨被保险人是否需要体检，如果被保险人健康告知状况良好，则可以直接免去体检程序，省时省力，还可以降低运营成本。

如果投保人没有如实进行健康告知，隐瞒了被保险人的身体状况，保险公司因免去体检，并不能马上知道实情。当被保险人出险申请理赔时，如果保险公司经过调查，发现被保险人存在既往病史，并且没有如实告知，那么保险公司有权维护自己的合法利益，换言之，保险公司有权解除合同并不予赔偿。

当然，这个权力是受时间限制的，也就是说，两年之后，即使投保人故意隐瞒，根据两年不可抗辩的约定，保险公司也必须照常进行保障和理赔。

2. 从消费者的角度来看

很多人都没有定期体检的习惯，只有等身体不舒服的时候才会去医院检查身体。而有些病在初期是没有明显特征的，很有可能连被保险人也毫不知情，等到本人发现身体异常时，可能病情就很严重了。

还有一种很常见的现象：父母生病了，但是他们害怕孩子担心，就对孩子隐瞒了自己的病情，孩子在为父母购买保险的时候，并不知晓父母的既往病史，从而没有如实告知。

这两种行为都是由于重大过失而没有履行告知义务，并不属于"骗保"。如果保险公司发现得早，保险公司可以及时进行处理和补救，这也是消费者为自己的过失承担责任的期限。超出两年期限之后，消费者不用再为自己的过失承担责任，保险公司必须照常予以保障。

因此，两年不可抗辩条款是基于维护保险人和被保险人双方利益而设定的，既给了保险人及时补救的权力，也给了被保险人充分享受保障服务的权力。

（三）两年后，保险公司一定会理赔吗

两年不可抗辩条款并不是万能的，保险公司会判断你是否为蓄意骗保，不同的案例，其最后的理赔结果可能也不相同。

对于因未如实告知而造成的理赔纠纷，在法庭判定的时候，需要先由保险公司进行举证，证明投保人蓄意隐瞒。如果无法举证，则判定理赔。如果举证

有效，则再由消费者进行举证，证明自己不是蓄意骗保。最后的判定结果是由双方拿出的证据而定的。

1. 如投保时未发病，保险公司要理赔

投保时只是隐瞒了身体有某种疾病隐患，但并未发生保险事故。这种情况下，过了两年抗辩期之后，保险公司即使查出来投保人未如实告知，也要照常理赔。

因为身体隐患会增加风险概率，但也不代表一定就会出险。

〔**案例**〕

A先生有吸烟史，但在健康告知时予以否认。五年后，A先生因长期吸烟患上肺癌，虽然当时他隐瞒了自己的吸烟史，但因已过了两年抗辩期，保险公司应给付他基本保险金。

2. 如投保前已发病，保险公司有权拒赔

投保前，被保险人已经发生保险事故，却故意隐瞒，在两年抗辩期结束后申请理赔。在这种情况下，保险公司依然是有权力拒绝并解除合同的。

〔**案例**〕

A先生已经患上肺癌，保险事故已经发生，但他在投保时蓄意隐瞒，即使过了两年期限，保险公司依然是可以不予理赔的。因为，在这种情况下，双方签订的保险合同是无效的。

3. 如两年内发病，之后申请理赔，根据证据定结果

被保险人隐瞒了身体状况，并在两年期限内发生了保险事故，但其没有及时报案，而是等到两年抗辩期结束后，才向保险公司申请理赔。在这种情况下，如果保险公司有足够的证据，证明被保险人是在两年之内患病的，那么即使过了两年抗辩期，被保险人也得不到理赔。

总之，我们在买商业保险时千万不要"心存侥幸"，认为只要熬过两年就能获赔，一定要如实进行健康告知，我们再分析以下几个案例。

〔案例1〕

　　A先生隐瞒了自己曾因肺炎住院的病史，并在合同生效一年后患上肺癌。但他有意欺瞒拖延，两年之后，他才向保险公司申请理赔。

　　在这个案例中，只要保险公司有足够的证据证明他蓄意隐瞒，保险公司就有权解除合同。

〔案例2〕

　　李先生于2011年1月7日投保重疾险；2014年9月，他被确诊为淋巴癌；2014年10月，他收到拒赔通知书，理由是投保前未如实告知，疾病非首次确诊。

　　拒赔原因：李先生所患癌症并非首次确诊。他在投保前，自2010年7月开始，就连续五次由于同一癌症接受化疗。

　　法院判决：支持保险公司胜诉。本案案件受理费由投保人负担。

　　这种情况就属于典型的"带病恶意投保"，在投保前已经患有癌症，就算过了两年的时间，保险公司依据重疾保障责任规定的"该大病非首次确诊"而拒赔，并非不遵守不可抗辩条款。

〔案例3〕

　　王女士于2012年6月27日投保重疾险；2014年6月26日，她被初步确诊为直肠瘤。王女士于2014年6月30日接受手术，2014年10月申请理赔，2014年11月收到拒赔通知书。保险公司单方面解除保险合同，理由是王女士在投保前未如实告知。

　　拒赔原因：王女士在投保前，已患有心绞痛、冠心病、高血压等疾病，未履行如实告知义务从而影响了保险公司决定是否承保。

　　法院判决：保险公司支付王女士保险理赔金，其理由如下所述。

（1）王女士已缴纳两年保费，保险公司已丧失单方解除合同的权利，因此，法院对其辩称解除合同的意见不予支持。

（2）保险公司称王女士带病投保，提交了一份病历复印件，但并未提供相应证据加以证明，并且病例中记录的疾病与理赔的恶性肿瘤并非同一种疾病，因此，法院对保险公司的辩解意见也不予支持。

上面的这个案例就是一个典型的虽然未如实告知，但是依据两年不可抗辩条款的规定，顺利获得了理赔的案例。

保险公司无法证明王女士未如实告知的冠心病和直肠癌之间的因果关系，且已经过了两年，因此，王女士获得了理赔。

在现实中，即使面对同样的案例，不同的法院、甚至同一个法院的不同法官，判决的结果都可能不同，有的判定保险公司败诉，有的判定解约退全款，也有的判定投保人恶意欺诈。

我们发现，如果我们不如实告知，就会面临被拒赔的风险，即使买了保险，依然不能保障自己。最好的解决办法就是在购买保险时认真做好健康告知。那么一定有人疑惑，难道感冒、发烧、头疼等都需要如实告知吗？

对于这个问题，相关法律条规已经告诉了大家标准答案。

《保险法》第十六条规定，保险人就保险标的或者被保险人的有关情况提出询问的，投保人应当如实告知。

从法律条款中可知，如实告知不等于全部告知，投保人的告知义务限于保险公司询问的范围和内容。也就是说，只要保险公司的工作人员问你的，你就应该回答，没有问你，你就不需要回答。

为了让大家能够更好地理解，我举以下几个例子。

● 问题 1：你累计吸烟的数量是否大于 400 支？

如果你累计吸烟的数量大于 400 支就要告知保险公司。

● 问题 2：最近一年，你是否有淋巴结增大、胸痛、胸闷等异常情况？

这个问题的关键就是"最近一年"，如果一年内你有过上述异常情况，那么就需要告知。如果你两年之前曾经胸痛过，那么就不需要告知。

- 问题3：你是否现在或者曾经患有2级或以上高血压（收缩压大于160mmHg，舒张压大于100mmHg）？

如果自己患有高血压，但是收缩压≤160mmHg且舒张压≤100mmHg，那么你对于这个问题就可以回答为"否"了。

我们买保险就是为了防范风险，可千万别因为没有如实告知，把自己置身于风险之中。

十三、误区十三：应该找"熟人"买保险

我并不反对从亲戚、朋友处买保险。虽然大家对"线下"保险代理人的看法不一致，但是不能一概而论，的确有一些代理人专业技术过硬，对行业了解透彻，对保单配置合理。

但是，如果我们买保险只信自己认识的人，那么就有点偏激了。我们找熟人买保险是一个不错的选择，但是这需要一个前提：这个人是专业的，他可以针对我们的情况推荐适合我们的产品。如果他只推荐你购买某一种产品（如保额低的返还型分红型保险），那么你一定要慎重。另外，我们还要注意不要从众，因为不同的家庭、不同的人，都有自己的特殊情况和个性需求，我们要根据自身条件来买保险。

因此，无论是对于亲戚推荐的产品，还是朋友买过的产品，我都建议大家先仔细分析一下，不要盲目出手，万一我们买了不合适的保险，之后退保是会有所损失的。我们在购买保险时要根据自己的实际情况确定保额，不要盲目地追求高保额，而要和人生阶段、收入情况、实际需求等相匹配。

对于每个人来说，保险都非常重要。意外、疾病，甚至死亡，都不会等我们做好准备了再出现。我们不能因为存有侥幸心理而一再拖延。因此，我们是否可以选择一个适当的时机，给自己和家人配备必需的保险产品，让生活多一些安心和保障呢？